MARCO POLO

Yucatán

W0109907

Diesen Reiseführer schrieb Manfred Wöbcke.
Der Schriftsteller ist seit zwei Jahrzehnten
als Studienreiseleiter in Mexiko tätig.

www.marcopolo.de

Infos zu den beliebtesten Reisezielen
im Internet, siehe auch Seite 103

SYMBOLE

MARCO POLO INSIDER-TIPPS:
Von unserem Autor für Sie entdeckt

★ MARCO POLO HIGHLIGHTS:
Alles, was Sie in Yucatán kennen sollten

HIER HABEN SIE EINE SCHÖNE AUSSICHT

WO SIE JUNGE LEUTE TREFFEN

PREISKATEGORIEN

Hotels

€€€	über 85 Euro
€€	55–85 Euro
€	unter 55 Euro

Die Preise gelten pro
Nacht für ein Doppel-
zimmer ohne Frühstück.

Restaurants

€€€	über 18 Euro
€€	8–18 Euro
€	unter 8 Euro

Die Preise beziehen sich
auf ein durchschnittlich
Menü ohne Getränke.

KARTEN

[114 A1] Seitenzahlen und Koordinaten
für den Reiseatlas Yucatán

Karten von Cancún, Mérida und Playa del
Carmen finden Sie im hinteren Umschlag.

Eine Lageskizze von Chichén Itzá finden
Sie auf Seite 56, von Uxmal auf Seite 72.

Zu Ihrer Orientierung sind auch die Orte mit
Koordinaten versehen, die nicht im Reiseatlas
eingetragen sind.

GUT ZU WISSEN

INHALT

Die wichtigsten
MARCO POLO Highlights

**Sehenswürdigkeiten, Orte und Erlebnisse,
die Sie nicht verpassen sollten**

 Equinoccio in Chichén Itzá
Zur Tagundnachtgleiche
ein Spiel mit Licht
und Schatten (Seite 24)

 Arrecife Palancar
Ein Blick hinter die Korallen
an der Südwestküste der
Insel Cozumel (Seite 36)

 Tulum
Einzigartig in ganz Yucatán:
Mayatempel direkt über dem
Karibikstrand (Seite 49)

 Xcaret
Der größte unter den
yucatekischen Ökoparks gefällt
Groß und Klein (Seite 51)

 Chichén Itzá
Pyramiden und Tempel in
höchster Vollendung (Seite 53)

 Izamal
Ein Blick von der Pyramide
auf das Kloster San Antonio
de Padua (Seite 61)

 **Museo Regional
de Antropología**
In Mérida können Sie die
prächtigste Kunstsammlung
Yucatáns bewundern (Seite 65)

Tulum: Pyramide am Strand

Kloster San Antonio in Izamal

 Uxmal
Dreimal gebaut und
verzaubert: die große
Tempelanlage aus der
klassischen Mayaepoche
(Seite 72)

 Museo de Arqueología
Ein Museum voll schöner
Mayastelen und Jade-
masken in der Festung
von Campeche (Seite 77)

 Luz y Sonido
Eine Multimediashow
präsentiert inszenierte
Geschichte vor der
suggestiven Kulisse
der Festung in Campeche
(Seite 78)

 Calakmul
Ein Stairway to Heaven
im Dschungel (Seite 79)

 Edzná
Im Zentrum das gewaltige
Edificio de los Cinco Pisos:
fünf Etagen mit Vergangenheit
(Seite 79)

Xcaret: Ökopark und Badespaß

 Palenque
Untergegangene Kultur
im Regenwald – der Abstecher
in den Nachbarstaat Chiapas
ist ein Muss (Seite 80)

 Kohunlich
Steinerne Masken von
einmaliger Größe (Seite 84)

 Sian Ka'an
Zurück zur Natur ist das
Motto im karibischen
Biosphärenreservat, das
sich an die Riviera Maya
anschließt (Seite 86)

 Die Highlights sind in der Karte auf dem hinteren Umschlag eingetragen

Entdecken Sie Yucatán!

**Kaum ein mexikanisches Ferienziel
ist bei europäischen Besuchern so beliebt
wie Cancún auf der Halbinsel Yucatán**

*Beschaulich geht es auf der kleinen
Isla Mujeres vor Cancún zu*

Über Florida verliert das Flugzeug an Höhe und beginnt bald darauf den Landeanflug auf Cancún. Palmenhaine und türkis glitzerndes Meer, weiße Strände und kleine Siedlungen rücken ins Blickfeld. *Bienvenidos en Yucatán,* willkommen in Yucatán! Schon der Name der Halbinsel zwischen dem Golf von Mexiko und dem Karibischen Meer weckt Assoziationen an Exotik und Ferienfreuden. Tatsächlich gehört die flache Halbinsel neben Acapulco und der Pazifikküste zu den bekanntesten Urlaubszielen des Landes. In Cancún, auf einer schmalen Landzunge zwischen der Lagune Nichupté und der Karibik, wird der Traum von einem Leben in steter Sonne und unter Palmen Realität: Die Hotels sind luxuriös, die breiten Strände weiß, feinsandig und von Palmen bestanden, das Meer glitzert in allen Schattierungen zwischen Türkis und Dunkelblau.

Von Cancún bis ins 130 km entfernte Tulum erstreckt sich die Riviera Maya: Badebuchten und -orte reihen sich aneinander, dazu locken zahlreiche Natur- und National-

*Die Riviera Maya bietet auf 140 km
Karibikfeeling wie im Werbespot*

parks, in denen Tagesausflügler einen ersten Eindruck von Yucatáns Natur bekommen und zwischen prächtigen Fischschwärmen schnorcheln können. In Xcaret wie Xel-Ha bekommt man Meeresschildkröten zu sehen, Delphine und die großartigen Arapapageien, die noch immer die mittelamerikanischen Regenwälder bevölkern.

Viele Hotels greifen die traditionelle, landestypische Architektur auf: Die Gebäude sind selten höher als eine Palme, die Restaurants untergebracht auf offenen, mit Palmblättern gedeckten, hölzernen Terrassen. Mit natürlichen Materialien gebaute und in die Landschaft integrierte Hotels oder im spanischen Stil errichtete Gebäude unter Palmen lösen zunehmend die Betonbauten ab.

Geschichtstabelle

Ab 2500 v. Chr. Nomaden errichten im Süden Mexikos Siedlungen und beginnen mit Ackerbau

1500 v. Chr. Olmeken gründen am Golf von Mexiko Siedlungen

200–900 n. Chr. Klassische Epoche der Maya im Süden Mexikos: Stadtstaaten mit Pyramiden, Tempeln und Palästen

Ab 850 Viele Mayasiedlungen werden verlassen, Tolteken kommen nach Yucatán und verbinden sich mit den Maya

1492 Kolumbus entdeckt Amerika

1517–1519 Spanische Seefahrer erkunden die Küsten Yucatáns und die mexikanische Golfküste; Francisco Hernández de Córdoba landet in Yucatán (Isla Mujeres), Hernán Cortés 1519 auf Cozumel und bei Veracruz

1525 Gründung erster spanischer Städte, Beginn der Missionierung

1562 Der Franziskanermissionar Diego de Landa lässt alle Schriften der Maya verbrennen

16./17. Jh. Dezimierung der indianischen Bevölkerung durch Sklavenarbeit, eingeschleppte Krankheiten und Massaker

1810–1821 Mexikanischer Unabhängigkeitskrieg

1840–43 Yucatán, das sich am mexikanischen Unabhängigkeitskrieg nicht beteiligt hatte, erklärt seine Unabhängigkeit von Mexiko; es entbrennt ein Krieg mit der Bundesregierung, an dessen Ende General Andrés Quintana Roo Yucatán föderale Rechte zusagt

1847–1902 »Krieg der Kasten« in Yucatán: Maya rebellieren gegen die Spanisch sprechende Bevölkerungsmehrheit, von der sie mit Landenteignungen und Steuern unterdrückt werden

Ab 1865 Der Anbau von Sisal bringt der Halbinsel großen Reichtum

1910–1917 Mexikanische Revolution unter Francisco Madero und Bürgerkrieg unter Beteiligung von »Pancho« Villa und Emiliano Zapata

1934–1940 Erdölfunde, Landreform unter Präsident Lázaro Cárdenas

1976 Große Erdölvorkommen im Golf von Mexiko entdeckt

2000 Vicente Fox Quesada von der konservativen Partei der Nationalen Aktion (PAN) wird neuer Präsident Mexikos

2005 Im Oktober zerstört ein tropischer Wirbelsturm an der Nordostküste Yucatáns viele touristische Einrichtungen

In den Freiluftrestaurants und -basaren Cancúns herrscht Fiestaatmosphäre

In Playa del Carmen fühlen sich junge Individualreisende wie Pauschalurlauber gleichermaßen wohl. In der 5a Avenida pulsiert das touristische Leben bis in die frühen Morgenstunden. Franzosen, Italiener, Deutsche und US-Besucher – in Playa del Carmen trifft sich eine internationale Szene. Bob-Marley-Klänge ertönen jeden Abend: Unmittelbar am Traumstrand liegen Diskotheken, und wird es drinnen zu voll, weichen die Gäste in den Sand aus und tanzen barfuß unter dem Sternenhimmel weiter.

Die nur wenige Meter über dem Meeresspiegel liegende Halbinsel ist geologisch gesehen eine flache Kalksteinscheibe. Obwohl es kaum Quellen und Flüsse gibt, herrscht kein Mangel an Wasser, denn im Karstsockel sammeln sich seit Jahrtausenden Grund- und Regenwasser und bilden unterirdische Ströme,

Höhlen und Grotten. An manchen Stellen brach die dünne Kalksteindecke ein – dort wurde das Wasserreservoir für Menschen zugänglich. *Cenotes* nennt man in Yucatán diese natürlichen Wasserstellen, also Karst- oder Dolinenbrunnen.

Die Halbinsel ist groß: 140 000 km², doppelt so viel wie Bayern. So verwundert es nicht, dass Sie neben Cancún und der Riviera Maya auch noch ein ursprüngliches Mexiko entdecken können. Ein anderes Yucatán erwartet Besucher schon auf der Isla Mujeres. Statt internationaler Kettenhotels gibt es hier kleine Gästehäuser und Pensionen. Für wenige Dollar kann man wohnen und essen. Abends trifft man sich zu einem Corona-Bier in der Strandbar, und auf die Speisekarte kommt der Fang des Tages.

Und auch jenseits der paradiesischen Strände, der nach europäi-

> **Ein Leben in steter Sonne und unter Palmen**

schen und US-amerikanischen Vorstellungen gestylten Wohnwelten gibt es in Yucatán noch viel zu entdecken: Mexiko. Ein riesiges, fremdes Land voller schwer verständlicher Rituale und bizarrer Bräuche, laut und voller Leben, manchmal schmutzig und anstrengend. In den Städten und Dörfern leben noch heute Maya, die Nachkommen jenes präkolumbischen Volkes, das lange vor der Ankunft der Spanier großartige bauliche Leistungen vollbrachte. Ein Volk, das stolz ist auf die prächtigen Hinterlassenschaften seiner Vorfahren und das mit seinen Traditionen lebt. Im Schnitt stellen *indígenas,* die indianischen Ureinwohner, in Mexiko nur 15–20 Prozent der Bewohner, in Yucatán sind es 30. Und Mestizen, also Nachkommen aus Verbindungen von Weißen und Indianern, bilden das Gros der Bevölkerung.

Heute gehören die Maya, einst die Herren des Landes, zu den Armen und Benachteiligten. In Chiapas, Mexikos ärmstem Bundesstaat, kämpfen Maya mit Rebellen gegen ungleiche Besitzverhältnisse und für ihre Rechte. Im vergleichsweise wohlhabenden Yucatán gibt es heute keine ernsten Spannungen zwischen Regierung und *indígenas.*

Nach wie vor bewirtschaften die Menschen ihre Felder mit denselben Methoden wie ihre Vorfahren. Frühmorgens werden die landwirtschaftlichen Erzeugnisse in die Dörfer gebracht. Auf den Märkten verkaufen Maya ihre Ernteerzeugnisse: Mangos, Papayas, Zwiebeln und Avocados.

Ein Sprung hinüber nach Campeche am Golf von Mexiko: In der Kolonialstadt an der Westküste der Halbinsel Yucatán herrscht mexikanischer Alltag statt touristischer Betriebsamkeit. In den Cafés unter den Arkaden serviert man für ein paar Pesos ein üppiges mexikanisches Frühstück. Meterdicke Festungsmauern aus der Piratenepoche umschließen die Altstadt.

> **»**
> *Schnorcheln zwischen bunten Fischschwärmen*
> **«**

Mexikanische Adressen

Für Europäer sind die Adressenangaben in Mexiko oft ungewohnt

In vielen Straßen gibt es keine Hausnummern, gelegentlich werden daher Kilometerangaben (z. B. Paseo Kukulcán km 3,6) gemacht. Ist eine Hausnummer angegeben, bedeutet dies nicht, dass sie auch am Haus sichtbar ist. Auch ist die Abfolge der Hausnummern in einer Straße nicht immer logisch. Bei Adressen wird daher möglichst eine Ecke mit einer Querstraße angegeben (z. B. Avenida Guerrero/Calle Madero) oder zwischen welchen beiden Querstraßen die Adresse zu finden ist (z. B. Av. Juárez zwischen Calle 5 und 7). »Avenida« wird meist abgekürzt (Av.), »Calle« oft weggelassen.

Restaurierte Stadtpaläste, Arkadengänge und Alleen: charmantes Mérida

Paläste der Kolonialzeit prägen das Gesicht von Mérida, Yucatáns stilvoller Hauptstadt, seit der Gründung im Jahr 1542 kulturelles Zentrum der Halbinsel. Noch um 1900 verzeichnete Mérida mehr Dollarmillionäre als Paris oder New York. Reich wurden die Bürger durch den Anbau und den Handel mit Sisal. In den Boomjahren des »grünen Goldes« von Yucatán entstanden prächtige Alleen und Stadtpaläste, riesige Haciendas vor den Toren Méridas. Mit der Entdeckung der Kunstfaser begann jedoch der Niedergang. Heute beherbergen viele ehemalige Paläste der Sisalbarone Konsulate, Hotels und Museen, und stillgelegte Haciendas wurden zu Luxuswohnanlagen umgebaut.

Entdecken Sie Yucatán – das heißt vor allem, dass Sie viel unterwegs sein müssen, um die Halbinsel in all ihrer Vielfalt kennen zu lernen. Keine leichte Sache, denn die Hitze wirkt sich lähmend auf Aktivitäten aus. Die beste Zeit ist der europäische Winter: In diesen Monaten ist das Klima für Europäer gut verträglich, und am Meer sorgt eine stete Brise für genügend Abkühlung.

In den Sommermonaten wird es dagegen unerträglich schwül und heiß, und wer mit öffentlichen Verkehrsmitteln unterwegs sein will, wird bald kapitulieren. Im Landesinneren, bei den Pyramidenstätten, scheint die Luft zu stehen, und nur am Swimmingpool der Hotels und in den klimatisierten Zimmern ist es auszuhalten. Das sollte man berücksichtigen, wenn man eine Reise nach Yucatán plant und sich die lange (und nicht eben billige) Anreise auch lohnen soll.

>> *Barfuß unterm Sternenhimmel tanzen* <<

Haciendas und Hurrikans, Mariachis und Maya

Notizen zum Schwimmen in Brunnen, zur Kultur der Maya – und zum Bungeejumping a la mexicana

Bevölkerung

Mexiko hat rund 106 Mio. Ew., von denen fast vier Fünftel Mestizen sind, also Nachkommen aus Verbindungen von Europäern mit der indigenen Bevölkerung. Die Nachfahren der präkolumbischen Volksgruppen – Maya, Azteken, Zapoteken, Mixteken, Tolteken und andere – umfassen heute etwa 15–20 Prozent der Bevölkerung, die restlichen fünf Prozent sind Weiße. Die auf der Halbinsel Yucatán (3,5 Mio. Ew.) lebende indigene Bevölkerung (30 Prozent) gehört dem Volk der Maya an. An der Riviera Maya findet man zudem zahlreiche Auswanderer aus Deutschland, Österreich, der Schweiz und den Niederlanden, die dort Hotels betreiben oder anderweitig im Tourismus tätig sind. Fast die gesamte Bevölkerung Mexikos ist römisch-katholischen Glaubens.

Cenote

Die flache, aus Korallenkalk gebildete Halbinsel Yucatán war vor

Der Regenwald ist Heimat vieler tropischer Vögel: ein Ara in Xel-Ha

zwei Jahrtausenden reiches Ackerland, von Maya besiedelt, die in Hunderten von Dörfern und Städten wohnten. Wie war das möglich, da es doch im Norden der Halbinsel keine Flüsse gibt? Mit Wasser versorgten sich die Maya durch unterirdische Reservoire. *Cenotes* (Dolinen), in der Mayasprache *dzonot,* heißen diese natürlichen Brunnen. Entstanden sind sie durch Einbrüche der dünnen Kalksteindecke, die Zugang zu den dicht unter der Oberfläche liegenden Wassergrotten schufen. Rund 2000 dieser Süßwasserhöhlen und -brunnen sind in Yucatán bisher entdeckt worden. Die Maya gründeten ihre frühen Siedlungen in der Nähe von *cenotes* und bewässerten ihre Felder durch ein ausgeklügeltes System von Kanälen. Weiter südlich, z. B. in der Region um Uxmal, liegt das Grundwasser 100 m tiefer und war damit seinerzeit unerreichbar. Dort behalf man sich mit Zisternen *(chultunes)* für Regenwasser.

Fauna

Yucatán ist von einer 1500 km langen Küste umgeben, deren Lagunen, Buchten, Riffe und Flussmündungen Heimat für ein vielfältiges Unterwasserleben sind. Zahlreiche Arten tropischer Fische und unterschiedliche Schaltiere sowie Meeresschildkröten ziehen Taucher aus aller Welt an. Pelikane und Reiher tummeln sich entlang der Küsten, Kormorane und Flamingos sind ebenfalls häufig zu entdecken. Die selten gewordenen Rundschwanzseekühe *(manatís)* leben in der Bucht von Chetumal und im Reservat von Sian Ka'an. Die riesigen Säugetiere gelten als ausgesprochen zutraulich, eine Eigenschaft, die ihnen in der Vergangenheit das Leben erschwerte: Aus Neugierde näherten sich die Seekühe Motorbooten und bekamen durch die Schiffsschrauben schwere Verletzungen zugefügt. In Yucatáns Reservaten freut man sich über erste Zuchterfolge der bereits vom Aussterben bedrohten Tiere. Auch dem Schutz der Meeresschildkröten widmet man sich auf der Halbinsel. In Vollmondnächten suchen die Tiere einsame Strände zur Eiablage. Die Sonne brütet die Eier aus, und sofort nach dem Schlüpfen versuchen die jungen Schildkröten, ins Meer zu gelangen. Auf der Isla Mujeres unterhält man Becken für die Jungtiere, in denen sie so lange gepäppelt werden, bis sie nicht mehr zur Beute von Menschen und Vögeln werden können. Besonders artenreich ist im Regenwald die Welt der Schmetterlinge, Reptilien und Vögel.

Flora

Entlang der Strände ziehen sich Kokospalmen. Während der Norden der Halbinsel Yucatán trocken und von niedrigem Buschwerk bedeckt ist, schließen sich südlich das Sumpfland von Campeche und der Regenwald *(selva)* von Belize und Guatemala an, eine weithin unzugängliche, wegelose Gegend. Wertvoll für die Menschen sind seit jeher der Gummibaum *(zapote, zapodilla),* aus dessen hartem Holz bereits die Maya ihre Türstürze fertigten, sowie der Brotfruchtbaum *(ramón),* der ein beliebtes Nahrungsmittel liefert. Im Süden gedeiht auch der eindrucksvolle Kapokbaum *(ceiba),* der heilige Baum der Maya.

Haciendas

Mit dem wirtschaftlichen Aufstieg Yucatáns im 19. Jh., ausgelöst durch den Anbau von Sisalagaven *(henequén),* entstanden überall im Norden der Halbinsel Yucatán herrliche Haciendas. Um 1860 begann im Nordwesten der Halbinsel der Siegeszug des *henequén,* des »grünen Goldes«; 1927 waren insgesamt 658 Haciendas in Betrieb. Der Hauptexporthafen wurde nach dem Produkt sogar Sisal genannt. Eine Agavenart, die in Yucatán besonders gut gedeiht, lieferte die Hartfaser für Garne und Seile. Zwischen 1880 und 1920 wurden enorme Mengen des begehrten Materials produziert, sodass die Eigner der Haciendas sich prunkvolle Landsitze und Herrenhäuser erbauten. 1960 beendete die synthetische Faser den Boom. Haciendas spiegeln noch heute den an Europa orientierten Lebensstil der mexikanischen Oberschicht wider. Einige der Anwesen öffneten inzwischen als Hotels und Restaurants ihre Tore für zahlende Besucher; zu den schönsten dieser Haciendahotels gehört Temozón. Andere wiederum wurden hergerichtet als Museen und bieten Besuchern Gelegenheit, die Vergangenheit Yucatáns anschaulich kennen zu lernen.

Hurrikan

Der präkolumbische karibische Gott Huracán gab den Wirbelstürmen seinen Namen. Jedes Jahr im Herbst ist es so weit, wenn über der Karibik Luftmassen mit unterschiedlicher Temperatur und Feuchtigkeit aufeinander treffen. Dann brausen die Stürme mit bis zu 200 km/h über das Meer und die Inseln auf die Küsten zu. Zum Glück kann man Hurrikane heute weit gehend vorhersagen, sodass Menschen normalerweise nicht zu Schaden kommen. Im Oktober 2005 richtete der Hurrikan Wilma im Nordosten der Halbinsel Yucatán viele Zerstörungen an. Besonders betroffen waren die Inseln und Orte Cozumel, Playa del Carmen, Puerto Morelos, Isla Mujeres, Cancún und Holbox. Obwohl man sofort mit dem Wiederaufbau und Reparaturen begann, waren Anfang 2006 noch nicht alle Einrichtungen sowie Hotels und Restaurants wieder in Betrieb.

Mariachi

Inbegriff mexikanischer Musik sind die *mariachi*-Kapellen aus honorig auftretenden Herren in stolzem Habitus, gekleidet in schwarze Anzüge mit gold- oder silberglänzenden Knöpfen und breitem Sombrero. Bis zu zehn Musiker spielen Bass, Gitarre, Geige, Trompete, dazu wird inbrünstig gesungen. Themen der Lieder sind immer wieder Liebe, Leidenschaft und *México lindo,* das schöne Mexiko. Treten die *mariachis* in Restaurants auf, dann schuldet man ihnen eine *propina* (Trinkgeld), sofern man ein bestimmtes Lied wünscht. Bieten sie ihre Dienste auf Plätzen an, dann »kauft« man ein oder mehrere Lieder, vereinbart also vorher eine angemessene Gage (ca. 5 US-$ pro Lied).

Maya

Rund 3000 Jahre ist die Kultur der Maya alt, während der Blütezeit

Ob live oder als Wandgemälde: Eine mariachi-Kapelle gehört dazu

Stuck, Reliefs und Skulpturen: Uxmal aus der klassischen Mayaepoche

vom 6. bis zum 9. Jh. entstanden in Mexikos Süden sowie im heutigen Guatemala, Belize und Honduras die prächtigsten Stadtstaaten mit Pyramiden, Tempeln und Palästen. Die Maya dekorierten ihre Gebäude mit Stuck, Reliefs, Skulpturen und aufwändigen Wandmalereien. Eine Besonderheit bilden die so genannten Kraggewölbe: Die Steine zweier gegenüberliegender Mauern wurden nach oben hin so aufgetürmt und miteinander verkragt, dass in der Mitte schließlich ein einziger Stein genügt, um das Gewölbe zu stützen. In Yucatán bildeten die Maya unterschiedliche Baustile heraus: In der Puuc-Region südlich von Mérida legte man Wert auf eine reiche Ausschmückung der Pyramiden und Tempel. Säulen und Friese, die aus Hunderten von Göttermasken und geometrischen Motiven gebildet sind, schmücken die Fassaden. In der Chenes-Region südlich von Campeche wiederum

weiteten sich die Tempel zu überreich geschmückten Palästen aus, die Masken nahmen gewaltige Ausmaße an. Den Río-Bec-Stil im Westen von Chetumal kennzeichnen hohe Zwillingstürme mit Treppen, die so steil und abgerundet sind, dass man sie nicht begehen kann. In der Mathematik und Astronomie besaßen die Maya Kenntnisse, die sie zur Entwicklung eines exakten Kalenders befähigten. In der Mathematik führten sie die Null ein. Darüber hinaus entwickelten sie eine Hieroglyphenschrift, mit der sie auf Stein, Pergament und Baumrinden Aufzeichnungen vornahmen. Informationen zur Mayakultur unter *www.mesoweb.com*.

Politik

Die Vereinigten Staaten von Mexiko bilden eine Föderation aus 31 Bundesstaaten und dem Bundesdistrikt Mexiko-Stadt (Distrito Federal, D. F.). Drei Staaten teilen sich die

Halbinsel Yucatán: Campeche im Westen, Yucatán im Norden und Quintana Roo im Osten. Der für sechs Jahre gewählte Staatspräsident wurde seit 1929 71 Jahre lang ununterbrochen von der »Partei der Institutionalisierten Revolution« (PRI) gestellt. Bei der Präsidentschaftswahl 2000 siegte Vicente Fox vom katholisch-konservativen PAN (Partido de Acción Nacional), der Partei der Nationalen Aktion, das Ergebnis der Wahlen im Dezember 2006 war bei Redaktionsschluss noch nicht bekannt.

Umweltprobleme

2004 besuchten 1,8 Mio. Touristen die Halbinsel Yucatán, darunter 250 000 Deutsche; für die Zukunft erwartet man eine Zunahme von über zehn Prozent. Problematisch: Durch die steigenden Touristenzahlen ist die Riviera Maya mit ihrem vorgelagerten Korallenriff stark von Umweltverschmutzung bedroht. Die Frage der Müllbeseitigung ist noch weit gehend ungelöst.

Voladores

Vor den großen archäologischen Stätten wird oft ein artistisch anmutendes Schauspiel vorgeführt, das auf präkolumbische Traditionen zurückgeht. Auf die Spitze eines 10 bis 30 m hohen hölzernen Pfahls (heute oft aus Beton) ist ein quadratischer Holzrahmen befestigt. Unterhalb dieser kleinen, drehbaren Plattform sind vier lange Seile um den Mast gewickelt. Fünf Indios, gekleidet in phantasievolle Kostüme, klettern behände nach oben. Vier der Männer setzen sich an die Seiten der Plattform und binden sich ein Seilende um die Hüfte. Der Fünfte thront in der Mitte, spielt Flöte und tanzt dazu. Auf ein Kommando lassen sich die vier *voladores* kopfüber vom Rahmen fallen, der sich zu drehen beginnt. Die »Flieger« schweben mit dem Kopf voran und ausgebreiteten Armen zu Boden. Dabei drehen sie sich um den Mast, von dem sich die Seile abwickeln. Sie machen 13 Umdrehungen und wenden sich kurz vor dem Auftreffen auf den Boden, um auf den Füßen zu landen. Die Vorführung hat eine symbolische Bedeutung: Vier *voladores* mal 13 Umdrehungen ergibt 52 – eine magische Zahl des Mayakalenders. Während der Vorstellung wird von den Zuschauern Geld eingesammelt.

Wirtschaft

Mexiko ist traditionell ein Agrarland. Auf der Halbinsel Yucatán werden Mais, Bohnen, Chilis, Kartoffeln, Reis und Zuckerrohr sowie Avocados, Papayas, Mangos, Zitrusfrüchte und Bananen angebaut. Auch Kautschuk wird immer noch gewonnen. Mexiko besitzt zudem sehr große Erdölvorräte. Deutschland ist nach den USA zweitgrößter Handelspartner Mexikos. Die rund 22 Mio. Touristen pro Jahr, die etwa 10 Mia. Euro in Mexiko lassen, haben das Erdöl vom ersten Platz der mexikanischen Wirtschaftsgüter verdrängt. Auch in Yucatán ist der Tourismus die Einkommensquelle Nummer eins. Rund 500 Menschen verlassen hier täglich für immer ihre Hütte auf dem Land und ziehen in die Badeorte, um sich als Kellner, Fahrer, Putzfrau oder Wächter zu verdingen. Der gesetzliche Mindestlohn von nur 44 Pesos pro Tag wird durch Feldarbeit oft nicht erreicht, im Tourismus verdient man dagegen ein Vielfaches.

Margaritas, Mais und Meeresfrüchte

In Yucatán ist die mexikanische Küche karibisch inspiriert

Aus der mexikanischen Küche nicht wegzudenken ist der Mais – in allen Variationen. Dennoch darf man mexikanische Küche nicht auf Tortillas und Mais reduzieren. Yucatán ist umgeben von Meer – kein Wunder, dass Fisch und Meerestiere seit jeher eine große Rolle spielen: *huachinango* (Red Snapper) und *calamar* (Tintenfisch), *cazón* (Hundshai) und *róbalo* (Meerbarsch). Immer wieder tauchen auf den Speisekarten *camarones al mojo de ajo* auf, Garnelen, die mit reichlich Knoblauch gebraten werden. Die mexikanische Variante der Paella ist Reis mit Meeresfrüchten *(arroz con mariscos)*. Oft angeboten wird *huachinango*. Der Fisch mit dem milden Aroma wird gegrillt, gebraten und gedünstet serviert. Eine verbreitete Form der Zubereitung ist auch das Garen in Alufolie oder einer Papierhülle *(empapelado)*. Die Bezeichnung *a la mexicana* bedeutet, dass das jeweilige Gericht mit Zwiebeln, Tomaten und Chilis zubereitet wird.

Typisch für das Straßenbild sind die Garküchen. An behelfsmäßig

Seit dem Boom mexikanischer Szenelokale in Europas Großstädten sind die Kultgetränke Margarita und Corona-Bier in aller Munde

gezimmerten Ständen zaubern Mexikanerinnen die gesamte Palette schmackhafter einheimischer Imbisse. Man isst im Stehen oder nimmt Platz auf den bereit stehenden hölzernen Hockern – Fastfood einmal anders. Was gibt es zu essen? Tortillas (Maispfannkuchen), in die man Gemüsestückchen, Hühnchenteile, Fisch, Käse und Bohnen wickelt. Das entstandene Fingergericht heißt dann *enchilada,* mit überbackenem Käse werden daraus *enchiladas suizas.*

Seit jeher rundet Obst in Yucatán ein Essen ab. Vor der Ankunft der Spanier waren süße Desserts nahezu unbekannt. Nachdem der Zucker ins Land gekommen war, begann man mit dem Kandieren köstlicher Tropenfrüchte. Neben Ananas, Mangos und Orangen überzieht man auch Kürbis und Kaktusfeigen mit Sirup, exotische Leckereien, wie sie auch Kinder lieben. Aus Mérida stammt der Kaiserkuchen *(torta imperial),* der aus gemahlenen Mandeln und viel Eigelb zubereitet wird und seine besondere Note durch die Verwendung von reichlich Vanille und Zimt erhält. Beim Nachspeisenbuffet in den Hotels ist Karamellpudding *(flan)* gefragt und auch die so be-

Yucatekische Spezialitäten

Lassen Sie sich diese Köstlichkeiten gut schmecken!

botanas/antojitos – kleine Kostproben aus der Küche

camarones a la parrilla – Langusten vom Grill

carne asada – dünne, gebratene Rindfleischscheiben

ceviche – in Limettensaft marinierter Cocktail aus rohen Meeresfrüchten

chaya – yucatekisches Gemüse, ähnlich wie Spinat

cochinita pibil – in Bananenblättern gegartes Schweinefleisch

frijoles molidos – Püree aus schwarzen und roten Bohnen mit Zwiebeln und Paprika

frijoles refritos – gebratener roter oder schwarzer Bohnenbrei

guacamole – pürierte Avocados mit Chili, Limettensaft und Tomaten

jicama – mexikanische Knolle (deutsch Yam oder Jams), ähnlich der Kartoffel, auch roh genießbar

panuchos – gebratene Tortillas mit Bohnenbrei, Geflügel und Salat

papadzules – yucatekische Tortillas mit hart gekochtem Ei, Kürbiskernen und Tomatensauce

pescado ahumado – geräucherter Fisch

plátanos fritos – gebratene Kochbananen

poc chuc – gegrilltes, in Orange mariniertes Schweinefleisch

pollo asado – scharf gewürztes Brathähnchen

pollo pibil – mariniertes Hühnerfleisch, im Bananenblatt gebacken

quesadillas – Tortillas mit Käse

relleno negro – Truthahn, Hackfleisch und Eier in schwarzer Chilisauce

salbutes – *panuchos* ohne Bohnenbrei

sopa de lima – Hühnerbrühe mit Huhn, Tortillastückchen und Limette

sopa negra – schwarze Bohnensuppe mit Gemüse und Ei

taco/tostada – Tortilla, meist frittiert, mit Fleisch, Fisch oder Gemüse gefüllt bzw. belegt

tamal/tsotolbichay – in Bananen- oder Maisblättern gedämpfter Maisfladen, gefüllt mit Fleisch und Paprika

tikinxic – ganzer marinierter Fisch, gegart im Bananenblatt

liebte *crème brûlée,* eine karamellisierte Sahnecreme. Und Reispudding *(arroz con leche)* schmeckt nicht nur Kindern.

Mexikaner essen gern auswärts, Restaurants gibt es daher in allen Preisklassen und Variationen, auch solche mit ausländischer Küche. Zur Restaurantrechnung kommen 15 Prozent Mehrwertsteuer (Quintana Roo zehn Prozent) hinzu. Empfindliche Besucher sollten die Essensstände am Straßenrand und Garküchen auf Märkten besser meiden. Das staatliche Gütesiegel »H« verweist auf hygienisch einwandfreie Gaststätten.

Das Frühstück heißt *desayuno,* und der mexikanische Tag beginnt mit Eiern, Speck, *frijoles* (gebratenem Bohnenmus) und Käse. Das Mittagessen *(comida)* wird ab 13 Uhr serviert, in den Touristenorten auch früher. Das Abendessen *(cena)* nehmen die Mexikaner später ein als die Europäer.

Als Erfrischungsgetränk *(refresco)* sind vor allem Cola, Limonade und Mineralwasser verbreitet. Vitaminreich sind die frisch gepressten Obst- und Gemüsesäfte, die es nicht nur in Hotels und Restaurants, sondern (für wenige Pesos) auch am Straßenrand und in speziellen Saftbars zu kaufen gibt. *Agua fresca* heißen die mit Wasser versetzten Obstsäfte, in Cancún hygienisch meist einwandfrei, im Landesinneren jedoch eher mit Vorsicht zu genießen. Köstlich schmecken besonders die aus den Früchten des Tamarindenbaumes zubereitete *agua de tamarindo* und *agua de Jamaica* aus roten Hibiskusblüten. In Mexiko gibt es Hunderte von Mineralquellen, deren Wasser in Flaschen überall im Land für wenige Pesos erhältlich ist. Eine Unsitte einiger Touristenrestaurants ist es deshalb, den Gästen ungefragt für viel Geld importiertes Evian-Wasser vorzusetzen.

Kaffee serviert man in den Touristenhotels gewöhnlich nach US-amerikanischer Art, für den europäischen Geschmack häufig zu dünn. Fragen Sie lieber nach *café de olla.* Dieser Kaffee, wie ihn die Mexikaner schätzen, wird im Tontopf mit Zimt und Nelken aufgekocht, manchmal fügt man noch braunen Zucker und Orangenschale hinzu. Ein köstliches Getränk ist heiße Schokolade. In Mexiko besteht diese nicht nur aus Kakao und Zucker, sondern auch aus Zimt und zahlreichen weiteren Gewürzen. Traditionell verwendet man zum Schaumigschlagen einen hölzernen Quirl *(molinillo)* mit losen Ringen am Ende.

In Yucatán kennt man eine ganze Reihe exotischer Cocktails, meist auf der Basis von Tequila oder Rum. Weltberühmt ist die aus Mexiko stammende *margarita.* Limettensaft wird mit Tequila und Orangenlikör im Shaker gemixt. Serviert wird der Drink mit zerstoßenem Eis im Glas mit Salzrand. Beliebt ist auch die *piña colada:* Ananassaft, ungesüßte Creme von Kokosnüssen und brauner Rum werden zusammen mit gestoßenem Eis verrührt. Einen guten Ruf genießen die mexikanischen Biermarken. Neben dem auch in Europa bekannten Corona gehören Dos Equis und Superior zu den beliebtesten Sorten, in Yucatán auch Montejo und Sol. Probieren Sie auch das dunkle Starkbier *(cerveza obscura).* Nicht teuer ist Wein, angebaut auf der nordmexikanischen Halbinsel Baja California oder aus Kalifornien importiert.

Volkskunst, Ton und Hängematten

Ein yucatekisches »Doppelbett« passt sogar ins Handgepäck

Das mexikanische Kunsthandwerk gehört zu den vielfältigsten der Welt. Vieles, was auf den Märkten als Volkskunst, als *arte popular,* angeboten wird, hat im traditionellen Leben große Bedeutung. Die hölzernen Masken, die es u. a. auf der Isla Mujeres in großer Auswahl zu kaufen gibt, stellen bizarre Charaktere aus dem Alltag und aus der Mythologie dar: Teufel und Dorfpolizisten, Engelchen und Pumas. Sie werden bei Volkstänzen noch heute getragen.

Trotz des Siegeszuges von Plastik und Kunststoffen benutzt man in dörflichen Gegenden nach wie vor traditionelles Tongeschirr. Und auch bei der Vorratshaltung haben die bauchigen Krüge und Vasen, die ihren Inhalt schön kühl halten, Bedeutung.

Hängematten und Mexiko gehören zusammen – ein typisches mexikanisches Produkt und ein ideales Mitbringsel aus Yucatán, denn hier war es, wo fast ein Jahrhundert lang, von 1865 bis etwa 1960, das Rohprodukt für die Hängematten hergestellt wurde. Die *hamaca* wird

Eine Hängematte ist das ideale Mitbringsel aus Yucatán – und Sie unterstützen die lokale Wirtschaft

heute nicht mehr nur aus Sisalfasern, sondern zunehmend auch aus Seide (am teuersten), Baumwolle oder Nylon (am billigsten) gefertigt. Ihre Qualität ergibt sich weiterhin aus der Dichte der Knoten und damit der Enge der Maschen. Auch bei der Größe müssen Sie aufpassen: Als im Vergleich zu Mexikanerinnen und Mexikanern eher groß gewachsene Europäer nehmen Sie lieber die Ausführung *matrimonial,* mit anderen Worten: das Doppelbett.

Besonders schöne Mitbringsel kauft man auf den farbenfrohen mexikanischen Märkten. Auf den größeren finden Sie immer eine Abteilung für Kunsthandwerk. Die Preise sind verhandelbar, liegen bei Ausländern aber meistens um einiges höher als bei Einheimischen. Außer in Hotelboutiquen, Supermärkten, modernen Shops und Shoppingmalls gibt es fast nirgends feste Preise.

Einen ersten Überblick über das Kunstschaffen des Landes erhält man in Volkskunstmuseen *(museos de arte popular)*. In Mérida beispielsweise befindet sich ein Volkskunstmuseum, das detailreich über die Kunsthandwerksproduktion informiert.

Insider Tipp

Feste, Events und mehr

Einen Grund zu feiern
gibt es in Mexiko immer

Offizielle Feiertage

1. Januar *Año Nuevo;* **5. Februar** *Día de la Constitución* (Tag der Verfassung); **21. März** *Natalicio de*

Religiöse Prozessionen ...

Benito Juárez (Geburtstag von B. Juárez); **1. Mai** *Día del Trabajo;* **5. Mai** *Día de la Batalla de Puebla* (Jahrestag der Schlacht von Puebla 1862); **1. September** *Informe Presidencial* (Bericht des Präsidenten); **16. September** *Día de la Independencia* (Unabhängigkeitstag); **12. Oktober** *Día de la Raza* (Kolumbustag, auch Tag der Rasse);

20. November *Día de la Revolución;* **25. Dezember** *Navidad*

Religiöse Feiertage und Feste

6. Januar *Día de los Reyes Magos;* **2. Februar** *Día de la Candelaria* (Mariä Lichtmess, Kerzenfest mit Prozessionen); **Ostern** *(Semana Santa):* Prozessionen und Passionsspiele; **15. August** *Nuestra Señora de Izamal* (Mariä Himmelfahrt); **1./2. November** *Día de los Muertos* – mitunter bizarr anmutender Totenkult; **12. Dezember** *Virgen de Guadalupe* – Prozessionen im Gedenken an die Schutzheilige des Landes

Festivals und Veranstaltungen

6.–10. Januar
Fiesta de los Santos Reyes, der Heiligen Drei Könige, in Tizimín mit Prozessionen und Feuerwerk

Februar
Karneval mit viel Musik, Tanz und Alkohol; berühmt ist der karibisch geprägte Karneval in Mérida.

21. März
★ *Equinoccio:* Licht-und-Schatten-Spiel in Chichén Itzá, Illuminationseffekt in Dzibilchaltún (ca. 5.30 Uhr)

Insider Tipp

1.–3. Mai

Fiesta de Santa Cruz (Feria de Cedral): Feier der ersten katholischen Messe in Mexiko in El Cedral auf Cozumel

3. Mai

Fiesta de Santa Cruz in Hopelchén mit der *danza le la cabeza de cochino:* eine tänzerische Prozedur, bei der durch Übergabe eines kunstvoll hergerichteten Schweinekopfes der Organisator der Fiesta im Folgejahr bestimmt wird

1. Juni

Día de la Marina: Der Tag der Seefahrt wird in allen Hafenstädten Mexikos am und auf dem Wasser groß gefeiert, mit Paraden, Feuerwerk sowie Segel- und Angelwettbewerben; in Yucatán vor allem in Chetumal und Campeche.

24. Juni

Festividad de San Juan in Campeche: Bootsparade mit dem Bild des Heiligen entlang dem 2 km langen Malecón (Uferpromenade)

25. Juli

Fiesta de Santiago Apóstol in Río Lagartos mit Jahrmarkt, Musik, Prozessionen, Musik und Feuerwerk

September

Einen Monat lang feiert Cancún das *Viva-México!-Festival* mit Folklore, Tanzdarbietungen und Musikshows sowie einem Filmfestival und Ausstellungen von Kunsthandwerk.

7.–21. September

Fiesta de San Román in Campeche mit Jahrmarkt, Prozessionen, Tänzen und Feuerwerk

17.–27. September

Fiesta del Cristo de las Ampollas (der Brandblasen); großes religiöses Fest in Mérida mit Prozessionen, Musik, Jahrmarkt und Tanzdarbietungen

22. September

Equinoccio: siehe 21. März

24.–29. September

Fiesta de San Miguel Arcángel: Fest des Schutzpatrons von Cozumel mit Prozession und Tänzen

29. November–10. Dezember

Fiesta de la Virgen de Izamal: Patronatsfest mit Prozessionen und großem Jahrmarkt in Izamal

8. Dezember

Fiesta de la Purísima Concepción, der unbefleckten Empfängnis, in Celestún mit viel Musik und Tanz

… und ausgelassene Fiestas

Boomregion an der Karibik

Rund ums Jahr herrscht Saison für Taucher und Sonnenanbeter, Romantiker und Vergnügungssüchtige

Wer Yucatán kennt, der kennt auch Cancún. Erst durch die mondäne, auf dem Reißbrett entworfene Touristenhochburg wurde die Halbinsel in aller Welt bekannt. Gleißendes Licht, Palmen, schneeweiße Strände: Die natürlichen Voraussetzungen mögen überall entlang der Küsten von Yucatán die gleichen sein, doch nur im Nordosten finden sich so viele internationale Hotels, Fünfsterneresorts, Boutiquen, Restaurants und ein so üppiges Nachtleben. Noch 1970 war Cancún nur ein winziges Fischernest, heute findet man hier alle renommierten Hotels von Hyatt bis Ritz Carlton.

Einen gewaltigen Urlauberboom verzeichnete auch die Riviera Maya, der Küstenstreifen zwischen Cancún und Tulum. An der Ostküste der yucatekischen Halbinsel kann jeder finden, wonach er sucht: das perfekt durchorganisierte All-inclusive-Resort, das romantische, palmblattgedeckte *palapa*-Hotel direkt am karibischen Traumstrand, einfache Hängemattenpensionen, Jetski durch die Mangrovenwälder und Tauchen in

Ein Augen-Blick auf der Isla Mujeres

einem *cenote,* einen Besuch im Mayatempel und Reggae in der Stranddisko. Und wem das Ganze zu steril ist, die Urlaubsmaschinerie zu perfekt, der setzt sich einfach in den Bus und schaukelt in ein paar Stunden zu den Dörfern und Städten im Hinterland der Halbinsel.

CANCÚN

 **Karten in der hinteren Umschlagklappe**

[117 F2] Die Bedeutung des Mayawortes Cancún – etwa »wo der Regenbogen geboren wird« oder auch »wo Gold aus dem Töpfchen kommt« – passt heute, leicht abgewandelt, immer noch als Beschreibung des Ortes: Sonne, Strand und Dollars. Die touristische Entwick-

Für Romantiker: Abendstimmung am Palmenstrand von Playa del Carmen

*Wie eine Fata Morgana erhebt sich die schier endlose Kette
der Hotels auf der Landzunge jenseits der Laguna de Nichupté*

lung Cancúns begann 1970, als die zuständige Behörde ein kleines Fischernest mit 120 Ew. zur zukünftigen Touristenhochburg erkor. Heute gibt es 26 000 Hotelzimmer in 150 Unterkünften, und noch immer werden neue Projekte geplant, denn jährlich kommen 3 Mio. Besucher. Entlang einer 21 km langen und nicht mehr als 400 m breiten Nehrung in der Form einer Sieben, die zwischen Karibik und der Lagune Nichupté verläuft, reihen sich zwei Drittel der Hotels, allesamt angesiedelt im Vier- und Fünfsternebereich. Unter ihnen befinden sich kühne Konstruktionen und gewagte Formen in Stahl und Glas. Alles ist makellos gepflegt. Auf dem Paseo Kukulcán spaziert man unter Palmen, üppig blüht Jasmin am Straßenrand. Busse verkehren von Sonnenauf- bis -untergang entlang der Strecke, nämlich zwischen der Punta-Nizuc-Brücke, die die Hotel-

zone im Süden mit dem Festland verbindet, und der Playa-Linda-Brücke zur Innenstadt im Norden.

Cancún (800 000 Ew.) ist eine Stadt mit großer Zuwanderungsrate. Aus dem ganzen Land kommen die Menschen hierher in der Hoffnung, auch ein wenig vom großen Kuchen des Tourismus zu erhalten. Mexikanische Fiestaatmosphäre macht sich breit in »Downtown« Cancún, wie es hier genannt wird: Souvenirbuden, Freiluftrestaurants und Basare liegen dicht aneinander gereiht. Tatsächlich speist man in Downtown um einiges billiger als in der Hotelzone.

SEHENSWERTES

Acuario Interactivo
Fische, Korallen und Unterwasserpflanzen der Region in zum Teil riesigen Aquarien. Höhepunkt sind die Haie und deren Fütterung, beliebt

ist das – von vielen kritisierte – Schwimmen mit Delphinen. *Tgl. 9–18.30 Uhr, Centro Comercial La Isla, Paseo Kukulcán km 12,5, 13 US-$, www.aquariumcancun.com*

Ruinas El Rey

Die größte Pyramidenanlage Cancúns mit insgesamt 47 Gebäuden und einer Ausdehnung von ca. 520 x 70 m ist ein Muss für jeden Besucher. »Der König« wurde diese ehemalige Zeremonialstätte der Maya nach einer hier entdeckten stuckierten Steinfigur mit menschlichem Gesicht genannt. Aus dem Kopfschmuck schloss man auf eine hoch gestellte Persönlichkeit. Die Figur ist im INAH-Museum von Cancún ausgestellt. Ein Teil der Bauwerke wurde vermutlich schon während der präklassischen Mayaepoche zwischen 300 v. Chr. und 100 n. Chr. errichtet. Die heutige Form der Gebäude geht jedoch auf die postklassische Epoche (1250 bis 1521) zurück. Das Zeremonialzentrum besteht aus zwei Plazas, umstanden von Gebäuden und kleineren Tempeln. Auf dem L-förmigen Gebäude Nr. I führt von der Plattform eine Treppe zu einem Tempel mit zwei Kammern, deren Säulenreihen einst ein Flachdach trugen. Die 6 m hohe Pyramide Nr. II trägt die Restmauern eines Tempels. Zwei kleinere Altäre liegen auf der dritten Ebene.

Harmlos sind die vielen Leguane, die regungslos in der Sonne liegen – so lange, bis man auf sie zuläuft. Die ältesten Exemplare können vom Kopf bis zur Schwanzspitze 1 m messen. Da die Echsen kräftige Kieferknochen besitzen und aus Angst durchaus zubeißen könnten, sollte man die Tiere nicht streicheln. *Tgl. 8–18 Uhr, Paseo Kukulcán km 19*

MUSEEN

Museo Arqueológico INAH

Das Kürzel INAH, dem man in Mexiko häufiger begegnet, bedeutet Instituto Nacional de Antropología e Historia. Ausgestellt sind Fundstücke der Halbinsel Yucatán aus präkolumbischer Zeit, u. a. winzige Figuren aus Jade oder dekorative Ziergegenstände aus Silber, die Zeugnis ablegen vom hohen Entwicklungsstand der präkolumbischen Maya. *Di–So 9–19 Uhr, Centro de Convenciones, Paseo Kukulcán km 9,5*

MARCO POLO Highlights »Cancún und die Riviera Maya«

★ **Xcaret**
Ein Freizeitpark für die ganze Familie (Seite 51)

★ **Tulum**
Pyramiden am Karibikstrand (Seite 49)

★ **Isla Mujeres**
Urlaubsvergnügen ohne Trubel (Seite 39)

★ **Arrecife Palancar**
Das Riff ist Cozumels Paradies für Taucher (Seite 36)

Museo Casa Maya

Schön anzusehen: In einer im Mayastil erbauten Hütte wurde ein ethnologisches Museum zur Mayakultur eingerichtet, gezeigt werden u. a. Werkzeuge, Trachten und Gebrauchsgegenstände. *Di–So 8–18 Uhr, Parque Urbano-Ecológico Kabáh, Av. Kabáh/Av. Nichupté*

ESSEN & TRINKEN

Im Trend liegen in Cancún Erlebnisrestaurants, also solche, die eine außergewöhnliche Dekoration bieten oder bei denen Liveauftritte von Künstlern und Animateuren zu den Mahlzeiten gehören. Die großen Hotels besitzen gewöhnlich mehrere Restaurants und Cafés, die auch Nichthotelgästen offen stehen.

100 % Natural

Bereits zum Frühstück serviert man Naturkost, anschließend vegetarische Gerichte sowie köstliche Fruchtsäfte. In allen drei Restaurants herrscht immer viel Betrieb. *Av. Sunyaxchén, Tel. 01998/884 36 17, Plaza Terramar, Tel. 01998/883 11 80, Plaza Kukulcán, Tel. 01998/885 29 04, €€*

La Habichuela

Seit Jahrzehnten bietet das vielfach ausgezeichnete Restaurant karibische und yucatekische Spezialitäten. Gespeist wird im kühlen Innenraum oder im malerisch dekorierten Gartenpatio. *Margaritas 25 (am Parque Las Palapas, Downtown), Tel. 01998/884 31 58, www.lahabichuela.com, €€€*

Los Huaraches

Ein Haus der Spitzenklasse, was die Küche betrifft: regionale Spezialitäten mit Fisch, Schwein und Huhn. Erst abends geöffnet. *Alcatraces 31/Claveles, Tel. 01998/884 25 28, €€*

La Habichuela: yucatekische Spezialitäten im stimmungsvollen Gartenpatio

El Pescador

Fischgerichte auf yucatekische und veracruzanische Art, scharf gewürzt. Hier empfiehlt es sich, zu mehreren einen ganzen, im Ofen gebackenen Fisch zu bestellen. *Calle Tulipanes 28 (Downtown), Tel. 01998/884 26 73, €€*

Rainforest Café

Erlebnisgastronomie à la Florida: Aufwändige Plastikversion eines tropischen Regenwaldes mit mechanischen Tieren, Geräuschen und simulierten Naturschauspielen, dazu Pasta und Pizza. *Centro Comercial Forum by the Sea, Paseo Kukulcán km 9,5 (Hotelzone), Tel. 01998/881 81 30, €€*

EINKAUFEN

Zunehmend beliebt sind in Cancún Shoppingmalls nach nordamerikanischem Vorbild, klimatisiert und mit einem Angebot, das vom T-Shirt für ein paar Dollar bis zum Donna-Karan-Kleid alles abdeckt. Auch Selbstbedienungsrestaurants und Cafés findet man in den Malls, oft in einem so genannten Foodcourt. Am Paseo Kukulcán liegen unter anderem *Plaza Caracol (km 9)*, *Forum by the Sea (km 9,5)*, *Flamingo Plaza (km 11,5)*, *Kukulcán Plaza (km 13)*.

Mercado de Artesanías Pancho Villa und Mercado La Pulga

Zwei kleinere Märkte mit Kunsthandwerk (u. a. aus Onyx und Kupfer). *Av. Nader (Downtown, hinter Mercado Ki-Huic)*

Mercado de Artesanías Plaza Garibaldi

Großes Angebot an preiswerten Mitbringseln: Holzschnitzereien, Keramik, Textilien, Kupferarbeiten. *Av. Tulum/Av. Uxmal (Downtown)*

ÜBERNACHTEN

Rund 100 Hotels der höheren Preisklasse bieten auf dem 21 km langen Paseo Kukulcán auf der Landzunge Unterkunft. Preiswertere Häuser liegen in der Stadt.

Colonial

Insider Tipp

Das preiswerte und gemütliche Stadthotel liegt zentral in Downtown und ist trotzdem ruhig; zum Haus gehört ein hübscher Patio. *45 Zi., Calle Tulipanes/Av. Tulum (Downtown), Tel. 01998/884 15 35, Fax 884 17 30, www.hotelcolonial cancun.com, €*

Imperial Laguna

Drei dreistöckige Gebäude an der Lagune Nichupté in einer ruhigen Seitenstraße des Paseo Kukulcán. Hübsche Zimmer (auch mit Balkon) mit Klimaanlage. Fußweg zum Strand, Pool. *59 Zi., Calle Quetzal 11–13 (Paseo Kukulcán km 7, Hotelzone), Tel. 01998/849 42 70, Fax 849 52 00, www.hotelimperial cancun.com, €€ – €€€*

Margaritas

Fünfstöckiges Haus mit Pool, 3 km zum Strand, alle Zimmer mit Klimaanlage und TV, zwei Doppelbetten und Balkon, auch Suiten mit Kochecke. *100 Zi., Av. Yaxchilán 41 (Downtown), Tel. 01998/884 93 33, Fax 884 13 24, www.margaritas cancun.com, €€*

María de Lourdes

Komfortables Haus mit Pool und Restaurant. Zimmer mit Klimaanlage, Telefon und TV. *51 Zi., Av. Yax-*

Ökoerlebnisparks

Vergnügen all-inclusive

Die Disneylandparks standen Pate: in Yucatáns so genannten Ökoerlebnisparks kann man einen ganzen Tag Spaß haben und zahlt nur einmal Eintritt – die Attraktionen und Aktivitäten sind dann inbegriffen. Man paddelt oder schnorchelt durch Dschungelflüsse, bestaunt tropische Schmetterlinge und schaut bei Reiterwettbewerben zu. Das größte Angebot gibt es in Xcaret, Schnorchler bevorzugen Xel-Ha und Naturliebhaber Tres Ríos.

chilán 80 (Downtown), Tel. 01998/ 884 47 44, Fax 884 12 42, www. hotelmariadelourdes.com, €

Moon Palace Golf & Spa Resort
Luxuriöse All-inclusive-Anlage südlich des Flughafens am Strand mit großem Freizeit- und Sportangebot, auch für Kinder. Mehrere Pools und Restaurants, große Balkonzimmer, meist mit Meerblick. 2031 Zi., Rancho San Miguel, carretera 307 km 340, Tel. 01998/881 60 00, Fax 881 60 01, www.palaceresorts. com, €€€

Ritz Carlton
Seriöser und ruhiger Luxus im Süden der hektischen Hotelinsel mit 400 m Strand. 365 Zi., Retorno del Rey 36 (Hotelzone), Tel. 01998/ 881 08 08, Fax 881 08 15, www. ritzcarlton.com/resorts/cancun, €€€

Suites Cancún Center
Travelleralternative zu den großen Strandhotels, gelegen in der Stadt, günstig und gut. Im mexikanischen Stil mit großen Zimmern und Suiten. 70 Zi., Calle Alcatraces 32, Tel. 01998/884 23 01, Fax 887 56 55, www.suitescancun.com.mx, €€

AM ABEND

Bars und Diskotheken gibt es in der Stadt an jeder Ecke, in der Hotelzone liegen sie in den Einkaufskomplexen (Plaza oder Centro Comercial) und großen Hotels. In den Diskotheken zahlt man mindestens 10 US-$ Eintritt. Mexikanische Kneipen mit Musik finden Sie vorwiegend in der Stadt.

La Boom Disco
Die größte Diskothek der Stadt mit Blick auf die Lagune und offener Bar; erst nach Mitternacht herrscht Betrieb. Paseo Kukulcán km 3,5 (Hotelzone), www.laboom.com.mx

The City
Ein neuer In-Place: Disko, Nachtclub und Lounge. Paseo Kukulcán km 9,5 (Hotelzone), www.thecity cancun.com

Inside Tipp

Teatro de Cancún
»Voces y Danzas de México«, traditionelle mexikanische Lieder und Tänze (Mo–Fr 19 Uhr); anschließend um 21 Uhr »Tradición del Caribe«, karibisch buntes Tanzspektakel. Ohne Reservierung, je 29 US-$ inklusive Getränke. El Embarca-

dero, Paseo Kukulcán km 4,5, Tel.
01998/849 48 48

SPORT & FREIZEIT

Aquaworld

Breites Angebot an Wassersport
(Tauchen, Schnorcheln, Surfen,
Segeln, Hochseeangeln, Wasserski
u. a.). Paseo Kukulcán km 15,2 (Hotelzone, gegenüber dem Hotel Meliá Cancún), Tel. 01998/848 83 27,
Fax 848 83 26, www.aquaworld.
com.mx

Colón Tours

Bootsausflüge mit dem Nachbau
des Entdeckerschiffes »Pinta« zur
Isla Mujeres (Besichtigung, Schnorcheln), **insider tipp** mit der »El Corsario« zum
Vogelparadies Isla Contoy, mit der
»Nina« durch Mangrovenkanäle
hinaus zum Korallenriff. Punta
Conoco 36, Tel. 01998/884 53 33,
Fax 887 12 83, www.kolumbus
tours.com

STRÄNDE

Die Hotels am Paseo Kukulcán haben meist ihren Hausstrand vor der
Tür. Die Häuser gegenüber an der
Lagune Nichupté verfügen in der
Regel nicht über einen Strand. An
fast allen Stränden finden Sie ein
breites Wassersportangebot.

Playa Delfines

Für Ruhe Suchende, die dem Trubel entgehen wollen. Der Strand
beim Hilton-Hotel ist breit und sauber. Paseo Kukulcán km 17

Playa Linda

An Las Perlas anschließend und von
dort zu Fuß zu erreichen. Der Name »schöner Strand« ist zutreffend,
neu angepflanzte Palmen spenden
Schatten. Paseo Kukulcán km 3,6

Playa Las Perlas

🏃 Wer in Downtown logiert, fährt
mit dem Bus zur Hotelzone und er

Auf einem Nachbau der Kolumbus-Karavelle Pinta zur Isla Mujeres schippern

reicht als Erstes diesen Strand. Hier trifft man viele Bewohner der nahen Jugendherberge. *Paseo Kukulcán km 2,5*

Playa Tortugas und Playa Caracol

Die beiden Strände liegen ebenfalls an der Nordseite der Hotelzone vor dem Centro de Convenciones. Breiter Strand mit feinem Sand, zahlreiche Palmen. Diese Strandabschnitte sind auch bei Einheimischen beliebt. *Paseo Kukulcán km 6,3 und km 9*

Av. Náder / Cobá, Tel. 01998 / 884 65 31, Fax 887 66 48; Av. Tulum 26, Tel. 01998 / 884 80 73, www.cancun.info

ZIELE IN DER UMGEBUNG

Isla Contoy [117 F1]

Die Insel (der Name bedeutet Pelikan), ein Naturschutzgebiet von etwa 2,5 x 0,5 km Ausdehnung 35 km nördlich von Cancún, ist die Heimat von rund 100 Tierarten, darunter Pelikane, Möwen, Kormorane, Fregattvögel, Schlangen, Eidechsen und Meeresschildkröten. Die weißen Sandstrände werden von roten und schwarzen Mangroven eingerahmt und von Palmen beschattet. Ein kleines Museum sowie ein Beobachtungsturm erlauben Einblicke in die Natur. Ausflüge werden von Cancún und der Isla Mujeres angeboten (nur Tagesbesucher).

Isla Holbox [117 E1] *Insider Tipp*

Auf der Isla Holbox entgehen Sie dem Trubel Cancúns, denn in Massen treten hier nur Wasservögel auf. Die Strände der ca. 35 x 2 km messenden Insel 160 km nordwestlich von Cancún sind leer (und sicher). Kinder finden hier noch die schönen Muscheln, die in Cancún immer schon die anderen aufgesammelt haben. Die 2000 Bewohner leben überwiegend vom Fischfang,

Tagesausflüge von Cancún führen auf die »Pelikaninsel« Isla Contoy

andere eröffneten Gästehäuser und Restaurants in Erwartung größerer Besucherscharen, die allerdings bisher ausgeblieben sind. Man verbringt den Tag am Strand, mit Angeln, Schnorcheln oder Tauchen, und auch die Vogelbeobachtung lohnt sich.

Komfortable Unterkunft bieten 1 km westlich des kleinen Fischerortes Holbox die *Villas Delfines (Tel. 01984/875 21 96, Fax 875 21 97, www.holbox.com, €€€)* mit zehn Bungalows am 80 m breiten Strand. Die Einrichtung der 50 m² großen Zimmer ist aus natürlichen Materialien. Das Hotel bemüht sich um Umweltverträglichkeit, nutzt Sonnenenergie, recycelt Abfälle und sammelt Regenwasser. Organisiert werden unterschiedliche Touren, auch Wassersport und Reiten. Preiswerter ist das *Faro Viejo (14 Zi., Tel. 01984/875 22 17, Fax 875 21 86, www.faroviejoholbox.com.mx, €–€€)* in der Av. Benito Juárez am Strand des Hauptorts, nur zwei Blocks von der Plaza Central. Die Balkonzimmer haben Meerblick und sind auch mit Klimaanlage zu haben, außerdem gibt es Suiten für Familien. Zum Hotel gehören ein Fischrestaurant und eine Bar, und es werden Boots- und Angelausflüge angeboten.

Wer nicht mit dem Kleinflugzeug ab Cancún (50 US-$) oder Playa del Carmen anreist, nimmt die Fähre. Dazu fährt man auf der MEX 180 Richtung Mérida und zweigt in El Ideal (km 80) auf eine schmale Straße nach Norden ab. Über Kantunilkin gelangt man zum Fischerort Chiquilá, wo täglich mehrere Motorboote *(lanchas)* und eine Autofähre durch die Laguna Yalahua nach Holbox verkehren

(Überfahrt 6-mal tgl., Fahrtdauer 30 Minuten). Auf der Insel mietet man im Ankunftshafen Holbox an der Westseite der lang gestreckten Insel einen Motorroller, einen Golfkarren oder ein Moped.

Cozumel

[117 F4] Trotz des internationalen Flughafens ist Cozumel weniger mondän als Cancún, bietet mehrere ruhige und menschenleere Strandabschnitte abseits der Hotelbuchten. Die Insel (80 000 Ew.) ist als bedeutendstes Tauchzentrum des Landes bekannt: Hotels haben sich auf sportliche Besucher eingerichtet, und Läden für Taucher findet man an jeder Ecke. Statt Diskotheken werden Tauchexkursionen favorisiert. Die Besucher kommen seit Jahrzehnten wegen der berühmten Tauchgründe auf die Insel, die Jacques Cousteau 1961 erstmals filmte. Das Palancar-Riff wurde 1972 zum Naturschutzgebiet erklärt. Besondere Attraktion für Taucher ist ein Flugzeugwrack, das am südlichen Ende von San Miguel (auf der Höhe des Hotels La Ceiba) etwa 100 m vom Strand entfernt für Filmaufnahmen versenkt wurde. Anfänger tauchen in der Lagune Chankanaab und vor der Bucht von San Francisco, dessen Riff sich auch für Unterwasserfotografie eignet.

Die lebhafte Insel, 20 km vor der Ostküste Yucatáns und etwa 50 x 15 km groß, sieht während des Winters auch viele Besucher von Kreuzfahrtschiffen, die die kleine Inselhauptstadt San Miguel erkunden. Mit der Fähre von Playa del Carmen *(5–22 Uhr stündlich, Fahrtdauer 30–60 Minuten, 200*

Pesos hin und zurück) landet man ebenfalls dort, an der nördlichen Westküste, der Flughafen liegt nördlich der Stadt.

SEHENSWERTES

Arrecife Palancar (Palancar-Riff)

★ 5 km lang zieht sich das Korallenriff an der Südwestküste von Cozumel entlang, geprägt von Höhlen und Steilwänden. Die faszinierende Unterwasserwelt ist Heimat von Schwärmen seltener Fische und riesigen Meeresschildkröten. Das Palancar-Riff, ein Dorado für erfahrene Taucher, beginnt ab etwa 8 m Tiefe. Es wird unterteilt in einzelne Abschnitte: Bis weit über 30 m fällt das Maracaibo-Riff ab, das bekannt ist für seine spektakulären Korallenformationen, aber auch gefährlichen Unterwasserströmungen ausgesetzt ist.

El Cedral

In dieser kleinen Ortschaft im Inselinneren steht die älteste Mayaruine Cozumels (aus dem Jahr 800). Hier soll am 2. Mai 1518 Juan de Grijalva die erste katholische Messe auf mexikanischem Boden gelesen haben. Jedes Jahr findet um dieses Datum eine große Feria mit Umzügen und Volksfest statt.

Faro Celarain

Der weiße Leuchtturm an der Südspitze der Insel erlaubt einen Rundumblick über den Südteil Cozumels und das Karibische Meer.

Parque Nacional Laguna Chankanaab

Der Naturpark an Cozumels Westküste verspricht einen erholsamen Tag am Meer mit der dazugehörigen Infrastruktur. Attraktion für Taucher und Schnorchler ist ein Korallenriff, das in 7 bis 30 m Tiefe direkt vor dem Strand liegt und sogar – zur Freude der gläubigen Mexikaner – eine versenkte Figur der Jungfrau von Guadalupe zu bieten hat. Insider Tipp Dazu eine Parklandschaft mit botanischem Garten sowie zahlreichen

Der Nationalpark Laguna Chankanaab: ideales Revier für Tauchanfänger

Nachbildungen der bedeutendsten präkolumbischen Stätten, Bauwerke, Skulpturen und Stelen des Landes. Die Lagune, unterirdisch mit dem Meer verbunden, ist Heimat für zahlreiche Fische und Vögel. Ein kleines *Meeresmuseum* bietet Einblick in die Unterwasserwelt. Restaurants verkaufen für wenige Pesos Tacos und *bocadillos*. Allerdings: Das ideale Schnorchelrevier für Anfänger ist immer gut besucht. *Tgl. 8–17 Uhr, Costera Sur km 11, 11 US-$*

San Gervasio

Einst pilgerten die Maya aus Belize, Guatemala und dem Süden Mexikos nach Cozumel, um dort der Mond- und Fruchtbarkeitsgöttin Ix-Chel, »Frau Regenbogen«, zu huldigen. Noch zur Zeit der spanischen Eroberung war die Insel Cozumel Sitz eines Orakels der Göttin. Knapp drei Dutzend Tempel, die in Verbindung standen mit Ix-Chel, konnten auf Cozumel identifiziert werden. Zentrum des Fruchtbarkeitskults war die Stätte San Gervasio. Zwischen 1250 und 1500 errichtet, war dieser in niedrigem Buschwerk und Dschungel versteckte Ort schon 1000 Jahre zuvor besiedelt. San Gervasio, besterhaltene der archäologischen Stätten Cozumels, umfasst sieben verstreute Bauwerke sowie Reste eines Mayabogens. *Tgl. 8–18 Uhr, 10 km östlich von San Miguel*

MUSEUM

Museo de la Isla Cozumel

Das Museum zeigt Ausgrabungsfunde der präkolumbischen Epoche, die zum Teil von Tauchern aus dem Meer geborgen wurden. Die Ankunft der spanischen Eroberer Hernán Cortés und Juan Grijalva im 16. Jh. markierte einen Wendepunkt auch für Cozumel. Die Insel wurde zum Stützpunkt für Piraten und Freibeuter – einige Exponate des Museums zeigen dies anschaulich. Eine auch für Kinder interessante Ausstellung befasst sich mit Cozumels Korallenriffen und dessen seltenen Meeresbewohnern. *Tgl. 9–17 Uhr, Av. Rafael Melgar/6a Calle*

ESSEN & TRINKEN

Die vielen Besucher haben die Eröffnung von fast 100 Restaurants nach sich gezogen, die zum großen Teil US- und mexikanisches Fastfood servieren. Man schaut sich daher besser vor dem Platznehmen die Speisekarte an.

El Abuelo Gerardo

Authentische mexikanische Küche, auf Cozumel selten, Spezialität Fischgerichte. Besonders beliebt sind die Plätze im Patio. *San Miguel, 10a Av. 21 (gegenüber der San-Miguel-Kirche), Tel. 01987/ 872 10 12, €€*

La Choza

Regionale Inselküche mit täglich wechselndem Menü an der Nordostecke der Plaza. Abends gelegentlich Unterhaltungsprogramm mit Amateurkünstlern. *San Miguel, Adolfo Salas 200/Av. 10 Norte, Tel. 01987/872 09 58, €€*

Las Palmeras

Bei der Plaza und in der Nähe des Fähranlegers, beliebter Treffpunkt von Besuchern bereits zum Frühstück. Auf der Karte: Surf 'n' Turf

(Steak und Fisch), Chilis und köstliche Salate. *San Miguel, Av. Rafael Melgar/Juárez, Tel. 01987/872 05 32, €€*

Insider Tipp Restaurante del Museo

Nicht nur nach dem Museumsbesuch empfehlenswert ist dieses Caférestaurant. Es liegt im ersten Stock und besitzt eine große, dem Meer zugewandte Terrasse mit Blick auf das Geschehen entlang der lebhaften Hauptstraße. Nur von 7 bis 14 Uhr geöffnet. *San Miguel, Av. Rafael Melgar/4a Calle, Tel. 01987/872 08 38, €*

EINKAUFEN

Cozumel ist Freihandelszone, Luxus- und Markenartikel gibt es hier etwas günstiger. Es wird auch Schmuck aus den gefährdeten schwarzen Korallen angeboten, von dessen Kauf Sie unbedingt absehen sollten.

Insider Tipp Los Cinco Soles

Das schönste Geschäft der Insel ist untergebracht in einem haciendaähnlichen Bauwerk mit ausgesuchten Beispielen mexikanischen Kunstschaffens. Ausgefallen und geschmackvoll, authentisch – und nicht billig. Ermattet vom Angebot, das ausreichen würde, mehrere Häuser auszustaffieren, gönnt man sich im angeschlossenen Restaurant einen Fruchtsaft und die Spezialität des Tages. *San Miguel, Av. Rafael Melgar 27/Calle 8 Norte*

ÜBERNACHTEN

Cozumel verfügt über 3600 Hotelzimmer, vom Fünfsterneresort bis zur einfachen Herberge, alle am Strand oder in seiner Nähe.

Barracuda

Legeres Strandhotel mit überwiegend Tauchern als Gästen, großes Angebot an Wassersport, eigener Pier. *52 Zi., San Miguel, Av. Rafael Melgar Sur 628, Tel. 01987/872 00 02, Fax 872 08 84, www.cozumel-hotels.net/barracuda, €–€€*

Casa del Mar

Komfortables Taucher- und Wassersporthotel mit Pool, Tennis und Beachclub südlich von San Miguel nahe am Meer. Auch acht Hütten mit je zwei Schlafräumen. *98 Zi., Costera Sur km 4, Tel. 01987/872 19 00, Fax 872 18 55, www.casadelmarcozumel.com, €€€*

Pepita Insider Tipp

Einfache, doch recht komfortable Unterkunft mit Coffeeshop. Sehr freundliches und hilfsbereites Personal. Auch Zimmer mit Klimaanlage. *27 Zi., San Miguel, 15a Av. Sur 120, Tel. 01987/872 00 98, Fax 872 02 01, €*

Villas Las Anclas

Zweistöckige Häuschen mit je zwei Zimmern und Kochnische, sehr gepflegt; kleiner, schöner Garten. Strandnah und nur wenige Minuten von der Zentralplaza. Ideal für Selbstversorger und budgetbewusste Familien. *7 Suiten, 5a Av. 325 (zwischen 3a und 5a Calle), Tel. 01987/872 54 76, Fax 872 61 03, www.lasanclas.com, €€€*

AM ABEND

Die Insel Cozumel ist – anders als das gegenüber auf dem Festland gelegene Playa del Carmen – kein Paradies für Nachtschwärmer. Es gibt kaum Diskotheken und Clubs.

Die Playa San Francisco liegt geschützt an Cozumels Westküste

Hard Rock Café

🏃 Treffpunkt junger Leute mit Bar und Restaurant, lebhafter Betrieb. *San Miguel, Av. Rafael Melgar 2 A*

STRÄNDE

Insider Tipp Chen Río

Der kleine, fast verschwiegene Strand an der rauen Ostküste wird durch ein vorgelagertes Korallenriff geschützt. Nur mit Auto oder Roller zu erreichen. *2 km südlich der Carretera Transversal*

Playa Palancar

Ruhiger und weniger belebter Strand der südlichen Westküste. Hier legen die Boote mit Tauchern zum vorgelagerten Riff ab. *Costera Sur km 20*

Playa San Francisco

Der populäre Strand mit breitem Wassersportangebot an der ruhigeren Westküste zieht Touristen und Einheimische gleichermaßen an. *Costera Sur km 14*

AUSKUNFT

Edificio Plaza del Sol, Av. Juárez, Tel./Fax 01987/872 75 85, www. islacozumel.com.mx

Isla Mujeres

[117 F2] ★ Für den großen Tourismus zu klein: 10 km vor der Küste Cancúns liegt die ca. 8 x 1–1,5 km kleine Insel, nur ein Katzensprung mit der Fähre und doch in eine andere Welt. Noch immer säumen Cafés und kleine Boutiquen die gepflasterten Straßen. Mit offenem Golfwagen oder Motorroller erforschen Besucher das lang gestreckte Inselchen. Entlang der Playa Norte zieht sich ein breiter Traumstrand, doch das Wasser erreicht selbst 100 m vom Ufer entfernt kaum mehr als Hüfthöhe – das Richtige für Familien mit Kleinkindern. Jungen Urlaubern verspricht die »Insel der Frauen« (17 000 Ew.) einen günstigen und typisch mexikanischen Karibikaufenthalt. Gewohnt wird in kleinen Pensionen oder komfortablen Gästehäusern am Strand; auch einige größere Hotels sind entstanden.

Woher stammt der Name für die Insel? Behauptet wird, dass hier Piraten ab dem 16. Jh. verschleppte Frauen versteckten. Nach einer anderen Version sollen die Spanier bei ihrer Ankunft auf der Insel Tempel vorgefunden haben, die weiblichen Gottheiten gewidmet waren.

Fähren zur Isla Mujeres verkehren ab Puerto Juárez (Ultramar alle 30 Minuten ab Gran Puerto Cancún), Playa Caracol, Playa Tortugas und Playa Langosta. Die 30- bis 45-minütige Überfahrt kostet hin und zurück ca. 8–24 Euro, mit Ultramar nur um 6 Euro.

SEHENSWERTES

El Garrafón

Der Nationalpark am Südende der Insel bietet ein dicht am Ufer liegendes Korallenschnorchelrevier mit Restaurant und Schildkrötenstation. Es kommen zahlreiche Boote mit Tagesbesuchern aus Cancún, nur frühmorgens und kurz vor Sonnenuntergang ist es etwas ruhiger. *Tgl. 8.30–17 Uhr, 15 US-$, www.garrafon.com*

Tortugranja

Insidr Tipp

An der mittleren Westküste wurde eine als »Turtle Farm« ausgeschilderte Schildkrötenstation eingerichtet, in der zwischen Mai und September die am Strand abgelegten Eier zum Schutz eingezäunt werden. Nach dem Schlüpfen hält man die Jungtiere in Becken, bis sie von Schulkindern freigelassen werden. *Tgl. 9–17 Uhr, 2 US-$, carretera a El Garrafón, www.turtlefarm.com.mx*

Isla Mujeres: viel mexikanisches Flair und seichte Strände für kleine Kinder

Märkte

Nirgends gibt es einen so authentischen Imbiss

Sorgfältig zu Pyramiden aufgeschichtet sind Orangen und Mangos, Melonen und Papayas, Avocados, Kartoffeln und Tomaten. Körbe sind gefüllt mit Bohnen, Linsen, Nüssen und Reis, die Wände behängt mit Bananen, Knoblauch und Chilis. Besonders groß ist das Angebot an unterschiedlichen Chiliarten und -schoten, frisch oder getrocknet. Jeder Markt besitzt eine Reihe mit *fondas,* Garküchen und Imbissständen, wo man auf kleinen Hockern oder schmalen Bänken eine urtypische mexikanische Mahlzeit erhält.

ESSEN & TRINKEN

Café Cito
Insider Tipp
Freundlich leuchtet das bunte Eckhaus. Zum Frühstück gibt es leckere Waffeln und Naturkost, mittags ein täglich wechselndes mexikanisches Lunch; auch vegetarische Spezialitäten. *Av. Matamoros/ Juárez, Tel. 01998/877 04 38, €*

Casa O's
Mit Blick auf die Skyline von Cancún genießt man die mexikanischen (Fisch-)Spezialitäten und den Sonnenuntergang. *Carretera a El Garrafón Sur, Tel. 01998/ 888 01 70, €€€*

Maria's Kan Kin
Einige Gäste kommen mit dem Boot, um die mexikanisch-französische Küche mit karibischem Akzent zu probieren. Der Ruf dieses legendären Hauses ist so gut, dass man früh erscheinen sollte. Auch einige Zimmer. *El Garrafón, Costera Sur km 4,5, Tel. 01998/877 00 15, €€€*

Mesón del Bucanero
Das Lokal finden Sie unter schattigen Arkaden an der Hauptstraße; es ist schon zum Frühstück geöffnet. Serviert wird vorwiegend mexikanische Kost, und es gibt auch ein paar Zimmer. *Av. Hidalgo 11, Tel./ Fax 01998/877 12 22, www.buca neros.com, €€*

EINKAUFEN

Rachat & Romero
Klimatisiertes Juweliergeschäft mit sehr preiswertem Gold- und Silberschmuck (zollfrei). Man orientiert sich vorwiegend an westlichen Designvorstellungen, es gibt aber auch präkolumbische Motive. *Av. Morelos/Juárez*

ÜBERNACHTEN

Casa Maya y Cabañas Zazil-Há
Unkonventionelles Gästehaus für junge Leute mit knappem Budget: Gewohnt wird in kleinen Bungalows am Lagunenstrand, abends trifft man sich in der gemeinsamen Küche. Der Besitzer ist seinen Gästen bei der weiteren Reiseplanung behilflich. *12 Zi., Calle Zazil-Há 129 (Punta Norte, Playa Secreta), Tel./ Fax 01998/877 00 45, www.kasa maya.com.mx, €*

Isleño

Einige Zimmer des freundlichen Gästehauses haben (gegen geringen Aufpreis) Klimaanlage. *19 Zi., Av. Francisco Madero 8, Tel. 01998/ 877 03 02, Fax 877 01 14, €*

Na Balam

Zweistöckige Bungalows mit Hängemattenterrassen am Nordstrand; der kleine Pool sieht romantisch aus, ist aber nicht immer hygienisch einwandfrei. Ein Traum ist dagegen der vor der Haustür liegende Strand: weiß und feinsandig, umspült von den Wellen der Karibik. Und im offenen Restaurant und in der Bar gibt es kostenlos Karibikfeeling. *31 Zi., Calle Zazil Há 118, Playa Norte, Tel. 01998/877 02 79, Fax 877 04 46, www.nabalam.com, €€€*

Posada del Mar

Wer abends gern durch die Inselhauptstadt bummelt und tagsüber mobil sein will, schätzt diese Adresse. Gepflegtes Anwesen mit großem Garten und komfortablen Zimmern, beliebte Bar am Pool. *46 Zi., Av. Rueda Medina 15 A, Tel. 01998/877 00 44, Fax 877 02 66, www.posadadelmar.com, €€*

Roca Mar

An der Ostseite der Insel am Meer gelegenes Mittelklassehaus, etwas windig und mit ständigem Meeresrauschen. *30 Zi., Av. Nicolás Bravo/Guerrero (Zona Marítima), Tel./Fax 01998/877 01 01, hotelrocamar.islamujeres.info, €€*

Secreto

Inside Tipp

Der weiße, dreistöckige Kubus besitzt eine Lounge an der Meerseite und versteckt einen schönen Pool. Die Zimmer sind zum Meer hin verglast. Hightech trifft auf Eleganz und Steinfußböden sowie hölzerne Himmelbetten. Mit eigenem Boot zum Angeln und Tauchen und (fast) Privatstrand. *9 Zi., Punta Norte, Tel. 01998/877 10 39, Fax 877 10 48, www.hotelsecreto.com, €€€*

Mordida

Die Grenze zwischen Gefälligkeit und Bestechung ist fließend

Der US-amerikanische Schriftsteller William S. Burroughs beschreibt in seinem Bericht »City of Fun« über seinen Aufenthalt in Mexiko Ende der Vierzigerjahre das Phänomen der *mordida*, wie in Mexiko Bestechung genannt wird: »Jeder Beamte ließ sich bestechen. Die *mordida* herrschte uneingeschränkt, und eine Pyramide von Bestechungsgeldern reichte vom Streifenpolizisten bis hinauf zum Presidente.« Touristen bekommen vom *mordida*-System kaum ewas mit. Dennoch erfährt jeder Besucher: Mit kleinen Geldgeschenken kommt man nicht nur im Hotel, sondern in allen Bereichen des öffentlichen Lebens schnell und unkompliziert weiter, öffnen sich Türen, die ansonsten verschlossen bleiben.

Einer der beliebtesten Strände der Insel ist die Playa Garrafón

AM ABEND

Abendlicher Treffpunkt der Bevölkerung und Gäste ist die *Plaza Central* mit ihren Restaurants, von der aus man einen Spaziergang auf der Meerpromenade *(Av. Rafael Melgar)* unternimmt.

Casa de la Cultura

Musik, Tänze, Ausstellungen, Folklore – das Programm des rührigen Kulturhauses ist unerschöpflich. Man geht einfach hin und schaut, was gerade läuft, oder erkundigt sich in der Touristeninformation. *Av. Guerrero/Abasolo*

Kokonuts

🏃 Beliebte Diskobar, gelegentlich mit Livemusik. *Av. Hidalgo Sur (Plaza Isla Mujeres)*

SPORT & STRÄNDE

Playa Garrafón

Eher klein und schmal, jedoch belebt und beliebt sowie mit viel Infrastruktur: Strandliegen, Verleih von Ausrüstung für Wassersport, Restaurant. *Im Nationalpark Garrafón*

Playa Lancheros und Playa Indios

Von Palmen beschattet, während der Woche ruhig, da von Touristen weniger besucht, am Wochenende beliebt bei Einheimischen. Einfache Restaurants und Wassersportangebote. *An der Westküste zwischen Hacienda Mundaca und Garrafón*

Playa Norte

Insider Tipp

Der schönste Strand der Insel, vom Ort zu Fuß zu erreichen. Breiter Sandstrand, flaches und ruhiges Wasser, viel Wassersport und mehrere Strandrestaurants. Man geht die Av. Guerrero oder Hidalgo bis zum nördlichen Ende.

AUSKUNFT

Av. Rueda Medina 130, Tel. 01998/877 07 67, Fax 877 03 07, www.isla-mujeres.net

Playa del Carmen

 Karte in der hinteren Umschlagklappe

[117 E–F3] Ein Küstenstreifen mit zahlreichen Buchten zieht sich von Cancún 130 km nach Süden. Das vor drei Jahrzehnten noch fast menschenleere Gebiet nannten die Tourismusfachleute zunächst Corredor Turístico und begannen mit der Erschließung; inzwischen wird die Küste unter dem Namen Riviera Maya vermarktet. Rund 300 Hotels mit insgesamt 24 000 Zimmern wurden bislang errichtet, und ein Ende der Bautätigkeit ist noch nicht abzusehen. Zum Glück besinnt man sich heute auf Umweltverträglichkeit – entlang der paradiesisch schönen Küste darf kein Hotel höher als drei Stockwerke gebaut werden. Die Besucher sind begeistert: Derzeit kommen jährlich 1 Mio. Gäste, darunter viele Pauschaltouristen aus Europa, vorwiegend Deutsche, die die All-inclusive-Resorts inmitten der karibischen Umgebung schätzen.

Die heimliche Hauptstadt der Riviera Maya ist Playa del Carmen, auf halbem Weg zwischen Tulum und Cancún gelegen. Der einst beschauliche Fischerort und Geheimtipp aussteigewilliger Europäer ist heute Trendziel und mit inzwischen 150 000 Ew. eine der am schnellsten wachsenden Städte ganz Mexikos. Südlich der Stadt erstreckt sich die Fünfsternehotelzone Playacar, nach Norden hin liegen kleinere Unterkünfte für Individualtouristen.

Das Programm für Playa del Carmen: tagsüber relaxen am Traumstrand, nach Sonnenuntergang flanieren in der parallel zum Strand verlaufenden Einkaufsstraße. Die Quinta Avenida, von allen nur noch »Fifth Avenue« genannt, bietet ungezählte Souvenirläden mit Hängematten und herrlicher indonesischer Mode, Kleinkunst aus Oaxaca und nachgemachte Mayagötter aus Holz und Onyx, dazu Cocktail- und Saftbars und Restaurants, aus denen es verführerisch duftet. Mariachi-Kapellen spielen in den Restaurants und auf offener Straße, und im Blue Parrot findet ab Mitternacht eine Reggaeparty statt. Unter Palmen und Strohdächern sitzen die Gäste im weißen Sand, nippen am eisgekühlten Tequiladrink oder tanzen barfuß am Strand.

ESSEN & TRINKEN

La Casa del Agua

Hier kocht der Inhaber Hans Spath: wunderschön im Ethnostil gestaltetes offenes Restaurant und Café im 1. Stock, nach Sonnenuntergang romantisch illuminiert. Mit Blick auf die Karibik und die »Fifth Avenue«. Im Erdgeschoss hat sich ein anspruchsvoller Kunsthandwerksladen einquartiert. *5a Av./2a Calle Norte, Tel. 01984/ 803 02 32,* €€

El Jaguar

Von den Antipasti bis zum Tiramisu: Das El Jaguar ist das beste italienische Restaurant der gesamten Halbinsel Yucatán. Auch optisch stimmt hier alles, vom gestärkten Leinen bis zum Kerzenlicht; im Hintergrund Vivaldi und Eros Ramazzotti. *Im Hotel Jungla Caribe, 5a Av./8a Calle, Tel. 01984/ 873 06 50,* €€€

La Parrilla

Mexikanische Küche, Meeresfrüchte und Steaks vom Grill. Meist mit Livemusik. *5a Av./8a Calle, Tel. 01984/873 06 87,* €€€

La Vagabunda

🏃 Rustikal mit Korbstühlen und Kiesboden. Frühstück und Lunch auf mexikanische Art. Ab 17 Uhr geschlossen! *5a Av. (zwischen Calle 24 und 26), Tel. 01984/873 37 53,* €

Die gesamte 5a Avenida ist ein einziger großer Basar. Vom Ikatstoff aus Bali zur handbestickten guatemaltekischen Weste reicht das Angebot, auch bunte Strandkleider und filigraner Perlenschmuck werden günstig verkauft. Skurril sind die Artikel zum mexikanischen Totentag: Knochenmänner aus Pappmaché und kleine Puppenstuben, in denen lachende Skelette wohnen. Kinder freuen sich über die aus Holz und Pappmaché gefertigten und bunt bemalten mexikanischen Früchte und Gemüse.

Aventura Mexicana

Zwei Blocks zum Strand und nahe der 5a Avenida: Die Zimmer umgeben einen tropischen Garten mit Pool und Jacuzzis. Ein ruhiges Haus, denn Gäste müssen 18 Jahre alt sein. Mit Gourmetrestaurant *Jacobi's. 30 Zi., Av. 10/Calle 22, Tel./Fax 01984/873 18 76, www.aventuramexicana.com,* €€

Cabañas La Ruina

🏃 Hütten (mit und ohne Bad) am Strand, auch Camping ist möglich, dazu eine große *cabaña comunal* mit Hängematten, Bar und Restaurant. Sogar eine Mayaruine liegt auf dem Gelände. *27 Zi., 2a Calle Norte, Tel./Fax 01984/873 04 05,* €

Playa del Carmens Einkaufsmeile 5a Avenida: Kunsthandwerk und Kitsch

So leer erleben Sie die Strände von Playa del Carmen nur am frühen Morgen

Grand Xcaret

Neben dem Unterhaltungspark gelegene, luxuriöse All-inclusive-Anlage mit Eintritt zum Park (ein Tag kostenlos). *796 Zi., carretera 307 km 282, Tel. 01984/8715400, Fax 8715406, www.grandxcaret.com,* €€€

Jungla Caribe

Dramatisch, individuell, teilweise luxuriös: Der Münchner Modemacher und Bühnenausstatter Rolf Albrecht gestaltete dieses Ethnohotel an der Fifth Avenue. Der stille, grün umwucherte Patio mit kleinem Swimmingpool wird vom Restaurant und den Zimmern umgeben – die richtige Wahl für Designliebhaber. Mit ihrer außergewöhnlichen Farbgebung und den erhöhten Betten erinnern die Zimmer an kleine Kunstwerke. *26 Zi., 5a Av./8a Calle, Tel./Fax 01984/873 06 50, www.jungla-caribe.com,* €€

Posada Lily

🏃 Nur zwei Blocks vom Strand entfernt, alle Zimmer mit Ventilator, jedoch einfache Ausstattung. Sehr zu empfehlen. *25 Zi., Av. Juárez (zwischen Av. 5 und 10), Tel./Fax 01984/873 01 16,* €

Prisma Caribe

Kleines Haus im mexikanischen Stil mit komfortablen Zimmern (TV, Aircondition, Balkon bzw. Terrasse, Bad). Pool, *cenote* und Restaurant im Garten. *14 Zi., Calle 28 Norte (zwischen 5a und 10a Av.), Tel. 01984/873 27 60, Fax 873 27 63, www.prisma-caribe.com,* €€

AM ABEND

Alux

🏃 Neu eröffnet und gleich ein Szenetipp: Restaurant (€€), Bar und Nachtclub im Stil einer yucatekischen Höhle, untergebracht im Keller; oft Livemusik. *Am westlichen Ende der Av. Juárez, Tel. 01984/ 803 07 13*

Capitán Tutix

🏃 Je später der Abend, desto voller wird es an Bord der Strandbar, die wie ein Schiff gestaltet ist. Jeden Abend gibt es Livemusik, und gelegentlich tanzen die Gäste gar auf der Theke, angefeuert vom Besitzer. *Calle 4 Norte*

Dragon Bar

Nach Sonnenuntergang füllen sich die Schaukeln um die Theke, die Bar am Strand und die Tische unter den Palmendächern im Sand. Oft spielen Livebands aus Kuba oder Trinidad. *Beim Hotel Blue Parrot, Calle 12*

AUSKUNFT

Av. Juárez/Av. 15, Tel. 01984/ 873 28 04, www.playadelcarmen. com

ZIELE IN DER UMGEBUNG

Cobá   [117 D3–4]

Das weitläufige Zentrum dieser einst 90 km^2 umfassenden präkolumbischen Mayasiedlung 100 km südwestlich via Tulum liegt an fünf Dolinenseen zum großen Teil verborgen unter Bäumen und Büschen. Eine kleine moderne Ortschaft hat sich am größten See etabliert, mit Gästehäusern und Restaurants. Unterkunft finden Sie in der romantischen *Villa Arqueológica (40 Zi., Tel./Fax 01985/ 858 15 27, Fax 858 15 24, www. clubmedvillas.com, €€)* am Seeufer.

Zu Fuß geht man von dort zur archäologischen Stätte (tgl. 8–17 Uhr). Etwa 600 n. Chr. gegründet, umfasste die Siedlung bald mehr als 6000 Gebäude an ca. 50 Straßen *(sacbé)*. Diese *sacbeob* (Plural) ziehen sich schnurgerade durch den Dschungel und sind zum größten Teil noch nicht freigelegt. Eine gerade *sacbé* führt über 100 km von Cobá nach Yaxuná (20 km südlich von Chichén Itzá). Einen guten Eindruck von diesem Wegesystem erhält man bereits bei der Anfahrt von Tulum, denn die Straße zieht sich schnurgerade auf dem Bett einer ehemaligen *sacbé* durch den Busch. Cobá war eine Handelsstadt und vermutlich ein wichtiger Knotenpunkt für den Handel zwischen den karibischen Häfen der Maya und den Stadtstaaten im Landesinneren.

Während der Regenzeit liegt die archäologische Stätte im Grünen, morgens und in der Dämmerung erwacht die Tierwelt: Frösche quaken, und Glühwürmchen schwirren am See. Wanderungen lassen sich auf Wegen zwischen den Bäumen unternehmen. Ziehen Sie (wegen der Zecken und Moskitos) die Strümpfe über die Hose, und schlagen Sie den Kragen hoch.

Nach Betreten der Stätte führt rechts ein Weg zur Nordseite der Laguna Macanxoc und zu *La Iglesia,* einer Tempelpyramide an der Ostseite der Hauptplaza, an deren Fuß mehrere Stelen stehen. Das Bauwerk mit seinen neun Ebenen ist 24 m hoch. Auf einem Spaziergang durch den Dschungel erreicht man nach ca. 1 km die 🔆 Pyramide *Nohoch Mul* (»großer Hügel«), mit 42 m das höchste präkolumbische Bauwerk Yucatáns. Einer der beiden Tempel auf der Spitze besitzt über seinem Eingang einen

Wer die steilen Stufen der Pyramiden von Cobá erklimmt, wird mit einem einzigartigen Blick über den Regenwald belohnt

Türsturz, den ein Dios Descendente, ein herabstürzender Gott, ziert. Um den Dolinensee Macanxoc liegen weitere vier Gebäudegruppen mit zahlreichen Plazas, Pyramiden, Tempeln und Stelen.

15 km nördlich Richtung Nuevo Xcan gelangt man zu dem kleinen Naturschutzgebiet *Punta Laguna,* mehreren Lagunen, die von einem 475 ha großen Laubwald umgeben werden. Mit Hilfe privater Naturschutzgruppen wurden hier Spinnaffen und Krokodile angesiedelt, die in freier Wildbahn beobachtet werden können.

Insider Tipp

Puerto Aventuras [117 E4]

40 km südlich von Playa del Carmen ist in einer schönen Bucht ein neuer Ferienort entstanden, der auf eine zahlungskräftige Klientel zielt. Edel designte Fünfsterneapartments und -hotels wurden errichtet, Eth-

norestaurants säumen die Uferstraße, Grünanlagen und ein Golfplatz wurden geschaffen. Ein moderner Yachthafen findet bereits großen Zuspruch von Seglern. Im *Museo Pablo Bush (Mo–Sa 10–14 und 15 bis 18 Uhr)* am Hafen stellt der mexikanische Taucherverband Cedam einen Teil seiner Fundstücke aus Wracks und *cenotes* aus. Ein hübsches, am Strand gelegenes All-inclusive-Resort ist *Xpu·Há Palace (464 Zi., Xpu·Há, carretera 307 km 265, Tel. 01984/875 10 10, Fax 875 10 12, www.xpuha·palace.com, €€€)* südlich von Puerto Aventuras mit vielfältigem Sportangebot; besonders gut geeignet für Familien.

Tres Ríos [117 E–F3]

Der jüngste der Ökoerlebnisparks der Riviera Maya liegt 13 km nördlich von Playa del Carmen im Mündungsbereich dreier Flüsse, umgeben von subtropischem Dschungel und Mangroven. Er ist der natürlichste und für viele auch der schönste der Ökoparks an der Riviera Maya – aber auch unverhältnismäßig teuer. Rund 100 verschiedene Tierarten leben auf dem Gelände, darunter seltene Papageien sowie uralte Schildkröten und Leguane. Zum Freizeit- und Sportangebot gehören Kajak (Meer), Kanu (Flüsse), Reiten (Strand und Dschungel), Strand, Schnorcheln am Korallenriff, Wassersport und Wanderungen (auch mit dem Fahrrad), und gleich mehrere *cenotes* bieten Abenteuer für Entdecker. Der Erlebnis- und Freizeitpark war wegen Erweiterungsarbeiten bei Redaktionsschluss geschlossen, die Wiedereröffnung im Lauf des Jahres 2006 vorgesehen.

Tulum [117 E4]

⭐ In Tulum halten die Steine Wache über dem Meer, blicken die Götter der Maya über die Wogen der Karibik und in die aufgehende Sonne. »Zama« (»Morgenröte«) nannten die frühen Erbauer ihre Stätte, die von 1200 bis zum Einfall der Spanier ein Ort der Religion und des Handels war. Auf Grund des starken Besucherandrangs wurde die Umgebung der archäologischen Stätte ausgebaut zu einer Art modernem Freizeitpark. Mit einer Miniatureisenbahn fahren die Besucher von den Parkplätzen zu den Souvenirläden und Tempeln. Nur früh am Morgen und außerhalb der Saison herrscht in Tulum noch jene Stille, ohne die sich die mythischen Bauwerke zur bloßen Kulisse wandeln.

Das ehemalige *Zeremonialzentrum der Maya (tgl. 8–17 Uhr)* mit religiösen und zivilen Verwaltungsgebäuden 60 km südwestlich von Playa del Carmen datiert aus der nachklassischen Epoche (ab 1250) und ist architektonisch eher enttäuschend, liegt jedoch einzigartig auf einer 12 m hohen Klippe am Steilufer über dem Karibischen Meer. Die Stätte war vermutlich schon in der klassischen Epoche besiedelt, denn man fand eine Stele mit dem Datum 564. Der Name Tulum (»Zaun« oder »Mauer«) stammt aus dem Beginn des 20. Jhs. und bezieht sich auf die Tatsache, dass das Zentrum an drei Seiten von einer ca. 420 m und zweimal 200 m langen sowie bis zu 4 m hohen und 6 m starken Mauer mit fünf Eingängen umgeben ist. Die vierte Begrenzung bildet das Steilufer mit dem darunter liegenden Strand. In diesem abgegrenzten Bereich wohnten vermutlich die religiösen und zivilen Führer. Weitere Ruinen, wahrscheinlich Wohngebäude der einfachen Bevölkerung, liegen über 6 km verstreut an der Küste.

Nach Betreten der Anlage durch den Westeingang stoßen Sie zunächst auf den *Grupo Central* mit kleineren, palastartigen Gebäuden, durch die sich in Nord-Süd-Richtung eine Straße zieht. Auffallend ist hier das *Chultun* (Reservoir House) mit einem von zwei Säulen dekorierten Eingang. Der große Innenraum birgt in der Mitte einen kleinen Altar; an der Südwestseite des Gebäudes liegt eine unterirdische Zisterne, die dem Bauwerk seinen Namen gab. Östlich des Gebäudes, also Richtung Meer, sind im *Templo de los Frescos* (Tempel der Fresken) noch einige Wandmalereien erhalten, jedoch wegen der Absperrungen nur schwer zu erkennen.

Direkt an der Klippe steht an der höchsten Stelle ◀▷ *El Castillo*. Eine Treppe führt die Pyramide hinauf zu einem Tempel. Von dort überblickt man einen längeren Abschnitt der Küste. Der Tempel enthält zwei Gewölberäume, in die drei Eingänge führen. Drei Nischen schmücken die Fassade, über der mittleren sind Reste einer Dekoration eines herabstürzenden Gottes zu sehen. An den Ecken des Frieses entdeckt man zwei Stuckmasken von Tieren, mit denen Götter symbolisiert werden.

Ebenfalls auf der Klippe liegt der *Templo del Dios Descendente,* der Tempel des herabstürzenden Gottes. Die Darstellung zeigt ein geflügeltes Wesen mit dem Kopf nach unten. Es wird einerseits als Gott der untergehenden Sonne angesehen, andererseits auch als Bienengott. Die Figur ist einer Biene durchaus nicht unähnlich, und Honig wurde schon in der postklassi-schen Epoche der Maya auf der Halbinsel produziert; auch findet sich diese Darstellung nur dort.

Der Besuch der Stätte empfiehlt sich am frühen Morgen, da es zwischen 10 und 11 Uhr sehr voll wird, weil dann die Ausflugsbusse aus Cancún und von den Kreuzfahrtschiffen kommen.

Unterkunft finden Sie südlich der archäologischen Stätte am Meer, z. B. im *Azulik (15 cabañas, carretera a Boca Paila km 3, kein Tel., www.azulik.com, €€€),* einem rustikalen Ökoresort (keine Kinder!) am Strand aus luxuriösen Hütten mit Terrasse und breitem Wellnessangebot. Die ca. 4 km südlich von Tulum am Strand gelegenen *Cabañas Piedra Escondida (9 Zi., carretera a Boca Paila km 3,5, Tel. 01984/100 38 26, Fax 871 20 91, www.piedraescondida.com, €€)* bieten alle eine Veranda oder einen Balkon für ein paar unbeschwerte Urlaubstage.

Insi Tip

Grausame Vergangenheit

Mit den Europäern kamen Verwüstung und Tod ins Reich der Azteken und Maya

1519 landete Hernán Cortés mit seinen Schiffen an Mexikos Ostküste. Von dort aus marschierte er mit seinen Truppen nach Tenochtitlán, der Hauptstadt der Azteken im Hochland Mexikos. Zwei Jahre später war der Aztekenkaiser Moctezuma II. tot, lag dessen prächtige Stadt in Schutt und Asche, und die überlebenden Indianer waren versklavt. Auf den Ruinen von Tenochtitlán erbauten die Spanier eine neue Siedlung, das heutige Mexiko-Stadt. Erst ein Jahrzehnt danach gelangten die Konquistadoren nach Yucatán. 14 Jahre später meldete Don Francisco de Montejo dem spanischen König, dass die Eroberung der Halbinsel geglückt, die Maya unterworfen seien. Viele Menschen starben durch Folter und eingeschleppte Krankheiten, gegen die die Maya keine Abwehrkräfte besaßen.

Feuerzeremonie der Maya: Folkloreshow in Xcaret

Xcaret [117 E3–4]

★ Der älteste und aufwändigste der yucatekischen Ökoparks, 5 km südlich von Playa del Carmen, ist makellos gepflegt und vereint eine Prise Walt Disney mit Kultur und viel Natur. Der Erlebnispark mit Bade- und Schnorchellagune, Schildkrötenbecken, Reitbahn, Schwimmen auf einem unterirdischen Flusslauf, Aquarium, Delphinen und einer Pferdeshow sowie eigenem Hotel ist Anziehungspunkt für viele Tagesbesucher aus Cancún, Playa del Carmen und von Kreuzfahrtschiffen. Auch mehrere Mayatempel befinden sich auf dem Gelände sowie ein Museum mit 20 maßstabgerechten Modellen von archäologischen Stätten der Mayawelt. Gegessen wird in anspruchsvoll designten Palmblattrestaurants, und nachmittags finden Reitvorführungen statt. *Mo–Sa 8.30–21.45, So 8.30–18 Uhr; 59 US-$, www.xcaret.com*

Xel-Ha [117 E4]

Ein so genannter Ökopark (»Quelle des Wassers«) 50 km südlich von Playa del Carmen auf historischem Grund und Boden: Hier befand sich (vermutlich von ca. 500 v. Chr. bis etwa 1200 n. Chr.) ein Handelshafen der Maya. Auf dem Gelände wurden bereits mehrere Mayaruinen entdeckt. Der Freizeitpark lockt mit zahlreichen Attraktionen täglich bis zu 1500 Besucher. Blaue Buchten und Lagunen mit flachem Wasser, Schildkröten, Schwimmen mit Delphinen – der Park wird von seinen Betreibern »das größte natürliche Aquarium der Welt« genannt. Zahlreiche Arten tropischer Fische entdeckt man in der hervorragenden Schnorchellagune, und eine Tour mit Schwimmkissen auf einem Fluss ist ein besonderes Vergnügen. *Tgl. 9–18 Uhr, 25 US-$, Sa/So 20 US-$, auch All-inclusive-Angebote mit Verpflegung, www.xelha.com*

Schatzkammer der Halbinsel

**Haciendas, Kolonialstädte und Mayastätten:
Im Norden lebt die große Vergangenheit**

Die Fasern der Sisalagave: ein Jahrhundert lang Yucatáns »grünes Gold«

Mérida, die Hauptstadt des Bundesstaats Yucatán, ist eine der ältesten Städte des Landes, voll gepackt mit Erinnerungen an glanzvolle Zeiten. Paläste und Arkadengänge, Plazas und herrliche koloniale Hotels warten auf Besucher. In der Umgebung liegen riesige Haciendas; sie sicherten einst den Reichtum der Gegend. Mehr als 300 dieser Landgüter, auf denen Zuckerrohr und Agaven angebaut wurden, liegen in der Umgebung. *Henequén,* eine Agavenart, aus deren Fasern Sisal für Seile und Garne gefertigt wurde, verhalf der Region Anfang des 20. Jhs. zu internationalem Ansehen. Erst mit dem Aufkommen von Kunstfasern ging die Epoche zu Ende; nur noch wenige Haciendas produzieren heute Sisal. Andere wurden mit viel Aufwand restauriert und beherbergen heute Hotels und Restaurants – eine ideale Möglichkeit, für ein paar Nächte zu leben wie einst die mexikanischen Gutsbesitzer. Weniger glanzvoll war das Leben der *Henequén*-Arbeiter, die oft 15 Stunden am Tag in der klebrigen Hitze schufteten, um ihren kärglichen Lebensunterhalt zu verdienen. In Haciendas

Den typischen Chac-Mool-Figuren werden Sie immer wieder begegnen

untergebrachte Museen dokumentieren den Alltag der Sisalarbeiter.

Von den industriellen Zeugnissen der Vergangenheit zu den heiligen Stätten der Maya: Im Norden der Halbinsel Yucatán liegt auch Chichén Itzá, eine der berühmtesten – weil am besten restaurierten – Mayastätten des Landes. In Chichén Itzá deutlich zu erkennen sind auch die Einflüsse eines weiteren präkolumbischen Volkes, nämlich der Tolteken.

CHICHÉN ITZÁ

 **Kartenskizze
auf Seite 56**

[115 F3] ★ Die größte und bedeutendste präkolumbische Stätte der

Es gab hier zwei nachweisbare Blütezeiten: In der klassischen Epoche (600–900) bauten die Maya einen großen Teil der heute sichtbaren Gebäude. Ab dem Jahr 1000 florierte die Bautätigkeit erneut, diesmal unter dem Einfluss der mittlerweile eingewanderten Tolteken. Die Stätte wird daher heute in Chichén Viejo (zwischen 600 und 900) und Chichén Nuevo (ab 11. Jh.) unterteilt. Etwa drei Viertel der Bauwerke der einst 25 km^2 umfassenden Stadt harren noch der Erforschung. In Mérida sowie in Cancún werden Tagesausflüge angeboten, die man meist auch im Hotel buchen kann.

7 m hoch hängen die Spielringe auf dem Ballspielplatz Juego de Pelota

SEHENSWERTES

Halbinsel Yucatán, ungefähr auf halber Strecke zwischen Cancún und Mérida gelegen, wurde schon 445 n. Chr. gegründet und war bis 1200 bewohnt, als sie aus bisher nicht bekannten Gründen verlassen wurde.

Für uns ist es heute unvorstellbar, wie es den Maya vor 1500 Jahren gelang, die Steinquader für den Pyramidenbau zu zerteilen, obwohl sie keine Metalle kannten. Nur mit Obsidian, einem scharf geschliffenen Lavagestein, bearbeiteten die frühen Baumeister ihr schweres Material. Fast senkrecht schichteten sie Stein auf Stein für ihre Pyramiden. Deren Besteigung ist für Besucher eine sportliche Herausforderung, und ohne Kette, an der sich die Touristen beim Auf- und Abstieg festhalten, wäre gewiss schon so mancher Unfall passiert.

In Chichén Itzá tragen zahlreiche Gebäude toltekischen Einfluss.

Nach Betreten der Zona Arqueológica durch einen großen Eingangsbereich mit Museum (Fundstücke der Maya und Tolteken), Souvenirgeschäften, Buchhandlung, Gepäckaufbewahrung, Toiletten, Restaurant und Informationsbüro trifft man zunächst auf die ❀ Pyramide des Kukulcán, von den Spaniern *El Castillo,* »das Schloss«, genannt. Die 24 m hohe Pyramide mit 55 m Seitenlänge wird gekrönt von dem 6 m hohen Templo de Kukulcán. 91 steile Stufen führen jeweils an den vier Seiten hinauf, macht zusammen 364 plus 1 Stufe für den Tempel – die Tage des Sonnenkalenders. Die Treppen der Vorderseite enden an ihrem Fuß in jeweils zwei Schlangenköpfen. Während der Tagundnachtgleiche (21. März und 22. September) wirft die Sonne nachmittags den Schatten der neun Plattformen so auf die Nordwestmauer der Treppe, dass drei Stunden lang der Eindruck entsteht, die Schlange winde sich die Stufen hinunter. Dieses Schauspiel wiederholt sich am nächsten Morgen auf der gegenüberliegenden Südwestseite in umgekehrter Weise, wenn sich die Schlange die Treppe hinauf wieder in den Tempel zurückzieht. »El Equinoccio« hat so unterschiedliche Künstler wie Jean Michel Jarre (»Equinoxe«) und die genialen Grateful Dead angezogen, die sich hier musikalisch inspirieren ließen. Auch diese Pyramide ist mehrfach überbaut worden, und am Fuße des Bauwerks führt ein Gang auf einer älteren Treppe (57 Stufen) in einen Tempel mit einer Jaguarfigur, dessen Fell Flecken aus Malachit enthält. Die Augen sind mit Jadestückchen markiert.

Der östlich gegenüberliegende *Templo de los Guerreros* (Tempel der Krieger) zeigt auf seiner Plattform eine viel fotografierte Chac-Mool-Figur, eine auf dem Rücken abgestützte männliche Gestalt mit einer Schale im Schoß. Vor der Aufgangstreppe stehen 60 Pfeiler, die einmal das Dach der Vorhalle trugen. Die Dekorationen an den Pfeilern auf der Pyramide, die das ehemalige Tempeldach stützten, zeigen als Dekoration Krieger in tolteki-scher Tracht und gaben dem Tempel seinen Namen. Das Bauwerk darf seit einigen Jahren nicht mehr betreten werden.

Am Fuß dieses Tempels erstreckt sich der *Grupo de las Mil Columnas* (Gruppe der Tausend Säulen), Reste zweier lang gestreckter Hallen, deren insgesamt 440 runde und viereckige Säulen einmal ein Dach trugen. Die Säulen sind aus einzelnen Blöcken zusammengesetzt und teilweise mit Reliefs verziert. Die Beschaffenheit des ehemaligen Dachs und die Funktion der Hallen sind bisher nicht bekannt.

Der *Juego de Pelota* (Ballspielplatz), mit 146 m Länge und 68 m Breite der größte Mittelamerikas, ist ausgezeichnet restauriert. Die eigentliche Spielfläche beträgt 91 x 36 m. In den senkrechten, 8,50 m hohen Seitenwänden sind in 7 m Höhe die steinernen Spielringe erhalten. Im unteren Teil der Mauern verläuft ein Schlangenfries über Flachreliefs. Aus dem Stein kunstvoll herausgemeißelt sind zwei sich gegenüberstehende Spielmannschaften. Dargestellt wird eine offenbar blutige Szene: Aus dem Hals eines Anführers mit abgeschlagenem Kopf, der

---

MARCO POLO Highlights
»Mérida und der Norden«

★ **Izamal**
Pyramide und Kloster
überragen alles (Seite 61)

★ **Chichén Itzá**
Die größte archäologische
Stätte aus präkolumbischer
Zeit (Seite 53)

★ **Museo Regional
de Antropología**
Die Schätze der Maya
in Mérida (Seite 65)

★ **Uxmal**
Wie von Zauberhand
gebaut (Seite 72)

vor dem Anführer der anderen Mannschaft (mit dem Kopf in der Hand) kniet, schießt das Blut in Form von Schlangen. Über die Bedeutung dieser Darstellung gibt es mehrere, sich zum Teil widerspre-chende Theorien. So heißt es zum Beispiel, dass die Gewinner des Ballspiels enthauptet und damit den Göttern geopfert wurden.

Der *Cenote Sagrado* oder *Cenote de los Sacrificios* ist über einen

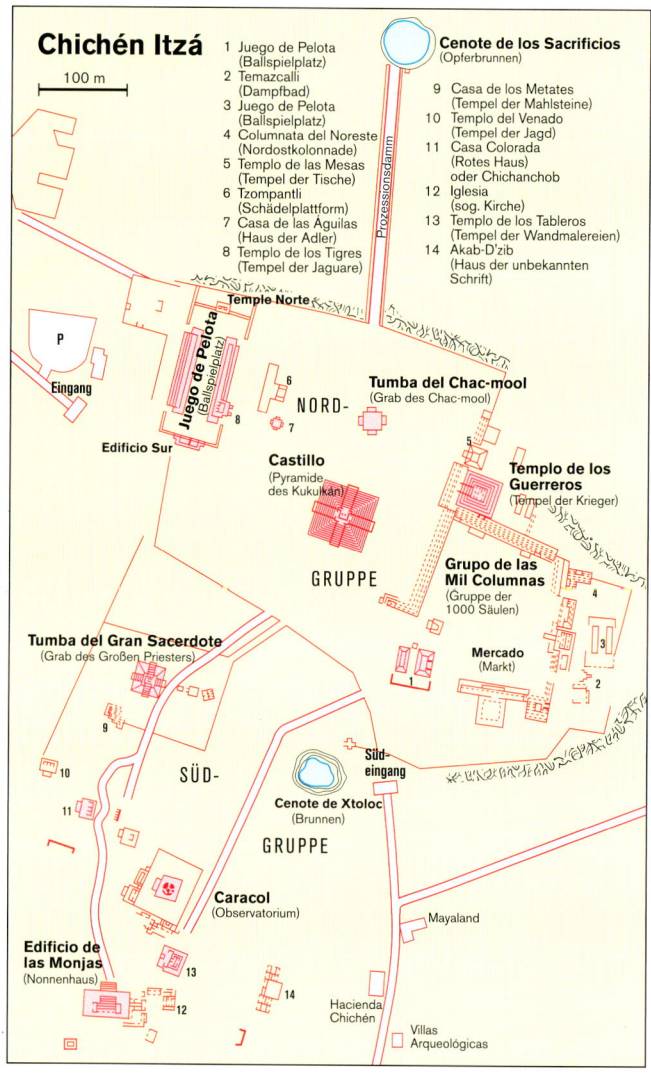

Chichén Itzá

100 m

1 Juego de Pelota (Ballspielplatz)
2 Temazcalli (Dampfbad)
3 Juego de Pelota (Ballspielplatz)
4 Columnata del Noreste (Nordostkolonnade)
5 Templo de las Mesas (Tempel der Tische)
6 Tzompantli (Schädelplattform)
7 Casa de las Águilas (Haus der Adler)
8 Templo de los Tigres (Tempel der Jaguare)

Cenote de los Sacrificios (Opferbrunnen)

9 Casa de los Metates (Tempel der Mahlsteine)
10 Templo del Venado (Tempel der Jagd)
11 Casa Colorada (Rotes Haus) oder Chichanchob
12 Iglesia (sog. Kirche)
13 Templo de los Tableros (Tempel der Wandmalereien)
14 Akab-D'zib (Haus der unbekannten Schrift)

Prozessionsdamm

Temple Norte

P

Eingang

Juego de Pelota (Ballspielplatz)

Edificio Sur

NORD-

Castillo (Pyramide des Kukulkán)

Tumba del Chac-mool (Grab des Chac-mool)

Templo de los Guerreros (Tempel der Krieger)

GRUPPE

Grupo de las Mil Columnas (Gruppe der 1000 Säulen)

Tumba del Gran Sacerdote (Grab des Großen Priesters)

Mercado (Markt)

SÜD-

Süd-eingang

Cenote de Xtoloc (Brunnen)

GRUPPE

Caracol (Observatorium)

Mayaland

Edificio de las Monjas (Nonnenhaus)

Hacienda Chichén

Villas Arqueológicas

Form follows function, wussten schon die Maya: Sternwarte in Chichén Itzá

ca. 300 m langen Weg, eine ehemals erhöhte und befestigte *sacbé*, zu erreichen, der von der Pyramide des Kukulcán nördlich durch Wald zu dem runden Karstbrunnen führt. Mit einem Durchmesser von rund 60 m und 15 m Tiefe diente der Brunnen nicht der Wasserversorgung, sondern kultischen Zwecken. Er wurde im 20. Jh. mehrfach erforscht; man fand Opfergaben aus Gold, Kupfer und Jade sowie Teile menschlicher Skelette.

Weitere sehenswerte Bauwerke im Nordteil der Stätte sind u. a. der *Templo de los Tigres* (Tempel der Jaguare, die in Mexiko teils *tigre*, teils *puma* genannt werden) am Ballspielplatz und die Schädelmauer *Tzompantli*.

Auf dem Weg in den südlichen Teil der Stätte passiert man einen zweiten Brunnen, *Xtoloc* (»Leguan«) genannt, der der Wasserversorgung diente, sowie das Tempelgrab des Hohenpriesters, *Tumba del Gran Sacerdote*. Auf der weiten südlichen Plaza erhebt sich *El Caracol*, das »Schneckenhaus«, auch *El Observatorio* genannt, das mögli-

cherweise der Vorhersage der Tagundnachtgleichen und der Sonnenwenden diente. Es ist rund, 12,5 m hoch und steht auf zwei rechteckigen Plattformen. Innen führt eine Wendeltreppe, die dem Bauwerk seinen Namen gab, hinauf zu einem Raum mit viereckigen Fensteröffnungen, die nach astronomischen Fixpunkten ausgerichtet sind. Südlich des Observatoriums liegen verstreut zahlreiche weitere Gebäudegruppen. Unter ihnen befindet sich auch das *Edificio de las Monjas* (Nonnenhaus), von den ersten spanischen Besuchern so genannt, weil sie annahmen, dort würden die zur Opferung im heiligen Brunnen bestimmten Jungfrauen festgehalten. Auf einer 10 m hohen, rechteckigen Plattform, zu der eine breite Treppe hinaufführt, erhebt sich ein Tempel mit mehreren Räumen, die die typischen Mayagewölbe aufweisen. Die Fassade ist mit beschädigten Masken des Regengottes Chac bedeckt.

Östlich schließt sich an das Nonnenhaus der *Anexo Este* an, der östliche Annex. Dessen Eingang zeigt

Geschichtsschreibung

Mayazeugnisse aus erster Hand sind nicht überliefert

Die Dokumente der Maya über ihr Wissen und Denken wurden von den Spaniern zerstört. Wir sind heute auf die Schriften spanischer Mönche angewiesen, die ihre Kenntnisse wiederum von indianischen Gewährsleuten erhielten. Die spanischen Chroniken sind daher aus der Sicht der Sieger, Christen und Kolonialherren, entstanden und dienten fast durchweg der Rechtfertigung der Eroberung und Missionierung. Eine der Wahrheit nahe kommende Chronik liegt allenfalls von Bernal Díaz del Castillo (1498–1582) vor, welcher bald erkannte: »Das Gold ist das Ziel aller menschlichen Wünsche.«

ein typisches Element des Puuc-Stils: Man betritt das Gebäude durch das geöffnete Maul eines Ungeheuers, dessen Zahnreihe oberhalb des Türsturzes sichtbar ist. Die Fassade ist mit Masken des Regengottes Chac bedeckt sowie mit stilisierten Schlangen und geometrischen Mustern, und im oberen Bereich sieht man die Skulptur eines sitzenden Mannes.

Die Stätte ist immer gut besucht – pro Tag kommen 3000 bis 4000 – und lässt sich am besten vor 11 und nach 16 Uhr besichtigen, wenn die Reisebusse aus Cancún noch nicht bzw. nicht mehr da sind und die Temperatur erträglich ist. *Tgl. 8–18 Uhr, eindrucksvolle Licht-und-Ton-Schau um 19 Uhr (Winter) bzw. 20 Uhr (Sommer)*

ESSEN & TRINKEN

An der alten MEX 180, der Piste, die sich durch das lang gestreckte, 1 km entfernte Dorf zieht, liegen mehrere große Restaurants. Diese wenden sich an die Tagesbesucher, die täglich in zahlreichen Bussen aus Cancún kommen. Tagsüber empfiehlt sich wegen der weiten Wege ohnehin die Cafeteria der archäologischen Stätte, abends fährt man in Chichén Itzá besser, wenn man im Hotelrestaurant isst.

ÜBERNACHTEN

Dolores Alba

3 km vor der archäologischen Stätte gelegen, mit kostenlosem Transport zu den Ruinen. Das Haus im Kolonialstil besitzt einen Gartenpatio und zwei Pools, große Zimmer und ein gemütliches Restaurant. *24 Zi., Tinum, MEX 180 km 122, Tel. 01985/858 15 55, Fax 01999/928 31 63, www.doloresalba.com, €*

Mayaland

Direkt am Südeingang liegt am Rand der archäologischen Stätte (Blick auf das Observatorium) das Haus im Kolonialstil mit großen Komfortzimmern, dazu einige Bungalows und Pool im Garten. *115 Zi., Carretera Vieja km 121, Zona Hotelera, Tel.*

01998/887 24 50, Fax 884 45 10, www.mayaland.com, €€€

AUSKUNFT

Ein Büro der Touristeninformation finden Sie im Eingangsbereich der archäologischen Stätte.

ZIELE IN DER UMGEBUNG

Balankanché [115 F2–3]

Ca. 7 km östlich von Chichén Itzá zweigt von der MEX 180 nach links ein 1 km langer Weg nach Balankanché ab. Die 1959 entdeckte Tropfsteinhöhle enthält nicht nur Hunderte glitzernder Stalagmiten und Stalaktiten, sondern auch eine große Sammlung von Zeremonialobjekten, die die Tolteken hier während der postklassischen Epoche hinterließen. Die Höhle wurde vermutlich schon 300 v. Chr. von den Maya benutzt und ab 1200 von den Tolteken als Opferstätte für den Regengott Tlaloc eingerichtet. Erhalten sind Gefäße und *metates*, Reib-

steine für die Maiszubereitung. Zur Anlage gehört heute ein Touristenzentrum mit Museum, Restaurant, Läden, botanischem Garten und einer Ton-und-Licht-Schau in Spanisch und Englisch. *Tgl. 9–17 Uhr; geführte Touren (auch in Englisch) zur vollen Stunde, 50 Pesos*

Ekbalam, Tizimín und Río Lagartos [116 C1–3]

Ein reizvoller Ausflug führt über Valladolid und Tizimín nach rund 140 km zur nördlichen Küste. Man passiert ca. 15 km hinter Valladolid bei Temozón den Abzweig (10 km Schotter) zur archäologischen Stätte *Ekbalam* (»Stern des Jaguars«), in der späten klassischen Mayaepoche (700–900) errichtet. Die einstmals prächtigen Gebäude – eine der drei Pyramiden an der Plaza ist 30 m hoch – deuten darauf hin, dass es sich einerseits um ein wichtiges Zeremonialzentrum handelte, andererseits verweisen zahlreiche Funde auf die Bedeutung der Stätte als Handelsplatz zwischen der Küste

Die Tropfsteinhöhle Balankanché enthält eine Vielzahl toltekischer Opfergefäße

und dem Zentrum Cobá. Die zentrale Plaza mit mehr als 20 Gebäuden war ursprünglich von einer Ringmauer umgeben; mehrere heilige Straßen *(sacbeob)* treffen hier zusammen.

Auf halber Strecke zur Küste lädt das Kolonialstädtchen *Tizimín* zu einer Rast und zur Besichtigung des *Convento de los Santos Reyes* (17. Jh.) an der Zentralplaza ein, zusammen mit der gleichnamigen Kirche den Heiligen Drei Königen geweiht. Das zweite Kloster der Stadt, das *Convento de San Francisco de Asís,* ist noch 100 Jahre älter. Die Ortschaft ist ein Agrarzentrum und Handelsplatz für Vieh, Mais und Baumwolle.

Das Fischerdorf *Río Lagartos* dient Touristen als Ausgangspunkt für den Besuch des 1979 eingerichteten *Parque Natural Río Lagartos* mit seinen Flamingokolonien. Fischer der Ortschaft bieten Ausflüge mit Motorbooten. In einer durch eine Nehrung vom Meer abgetrennten und geschützten Lagune leben darüber hinaus weitere 200 Vogelarten, bevorzugt am sumpfigen Ende der Landzunge.

Valladolid [116 C3]

Gut 40 km östlich von Chichén Itzá liegt die schöne, gut erhaltene Kolonialstadt (75 000 Ew.), die bisher von Touristen wenig besucht wird. Bereits 1543 gegründet, zeigt das Zentrum noch die originale Stadtarchitektur. Hier, an der Kreuzung der Straßen 39 und 41 mit 40 und 42, liegt auch der Stadtpark Francisco Cantón Rosada, der von mehreren Hotels und Kunsthandwerksläden umgeben ist. Unter den Kolonialkirchen ist besonders die Kathedrale *San Gervasio* am Zentralplatz sehenswert, 1706 erbaut und mit zwei eindrucksvollen Glockentürmen und der Skulptur der spanischen Königskrone in der Fassade vollständig erhalten.

Das *Convento de San Bernardino de Siena,* ein Franziskanerkloster von 1560, besitzt eine viel bewunderte Fassade und einen prachtvollen Garten. In seinem Inneren finden Sie wertvolle Exponate kolonialer religiöser Kunst. Der *Cenote Sis-Ha* diente als Ziehbrunnen und versorgte während der Kolonialzeit das Anwesen mit Wasser.

Flamingokolonien und 200 weitere Vogelarten: Lagune Río Lagartos

Urlaubslektüre

Mexiko zum Schmökern und Blättern

1990 erhielt Octavio Paz den Nobelpreis für Literatur. In seinem »Labyrinth der Einsamkeit« sucht er die mexikanische Seele zwischen dem indianischen Erbe und der Moderne, beschreibt eindrucksvoll, wie Mexiko »auf der Suche nach sich selbst« ist. Inselfotograf Michael Friedel schuf mit »Yucatan« ein Kaleidoskop des yucatekischen Lebens zwischen Alltag und Tourismus; die Texte stammen von Marion Friedel. »Mexiko – wunderbare Wirklichkeit« versammelt einfühlsame und ergreifende Schwarzweißfotos des 1986 verstorbenen mexikanischen Schriftstellers Juan Rulfo mit ergänzenden Essays u. a. von Carlos Fuentes.

Für die Übernachtung empfiehlt sich das *Mesón del Marqués (73 Zi., Calle 39 Nr. 203, Tel. 01985/856 20 73, Fax 856 22 80, €€)*, ein koloniales Stadthaus aus dem 17. Jh. am Zócalo mit großen Zimmern, einem Patio mit romantischem Restaurant und einem Pool im Garten. Ein vorzügliches Restaurant mit yucatekischen Gerichten ist das San *Bernardino de Siena (Calle 49 Nr. 227, Tel. 01985/858 11 15, €€)* zwei Blocks vom gleichnamigen Kloster entfernt.

IZAMAL

[115 E2] ★ 70 km östlich von Mérida liegt das entzückende Kolonialstädtchen (15 000 Ew.): In einer alten Pferdekutsche, genannt *victoria* und überall in Izamal anzutreffen, lässt man sich zur Mayapyramide Kinich Kakmó fahren und zum riesigen Atriumgarten des Franziskanerklosters San Antonio de Padua. Das Bauwerk ist komplett in Ockergelb getüncht, wie im Übrigen auch

die meisten anderen Gebäude des Städtchens.

Izamal wurde vermutlich im 5. Jh. als Mayasiedlung gegründet; Spuren von vier *sacbeob,* die in der Stadt zusammentreffen, finden sich außerhalb der Ortschaft. Nach der Eroberung errichteten die Spanier bereits Mitte des 16. Jhs. das große Kloster sowie die Straßenzüge des heutigen Zentrums. Die Ortschaft nennt sich gern »Ciudad de las Tres Culturas« (Stadt der Drei Kulturen), da mehrere Pyramiden der Mayakultur und das Kloster der Spanier von einem zwar modernen, doch behutsam im Kolonialstil errichteten Ortszentrum umgeben sind.

SEHENSWERTES

Convento San Antonio de Padua
1553 ließ ein spanischer Missionar den Mayatempel des Gottes der Schöpfung schleifen und an seiner Stelle ein Kloster mit dem zweitgrößten Atrium der Welt errichten. Der 1561 fertig gestellte Bau wurde bis 1618 mit einem 8000 m² gro-

75 Rundbögen rahmen den riesigen Rasenplatz im Convento San Antonio

ßen Hof versehen, der von 75 Bögen umgeben ist. In der Klosterkirche *Nuestra Señora de Izamal* (auch *de la Concepción Inmaculada*) an der Ostseite des Atriums ist der barocke Altaraufsatz, komplett mit Blattgold überzogen, einen Blick wert. Das *Museum* des Franziskanerklosters zeigt religiöse Kunst der Kolonialzeit. Di, Do, Fr und Sa findet um 20.30 Uhr im Hof des Konvents die empfehlenswerte Ton-und-Licht-Show »La Luz de los Mayas« statt. *Tgl. 9–18 Uhr, zwischen den Calles 31/33 und 28/30*

Insider Tipp

Kinich Kakmó

Die eindrucksvolle Pyramide ist mit 35 m zwar nicht die höchste, doch mit einer Plattform von 193 x 171 m die an Volumen größte in Yucatán. Da die Stufen weit gehend restauriert wurden und die Treppe hier nicht so steil ist, klettert man früh oder vor Sonnenuntergang hinauf und genießt den schönen Blick auf Stadt und Klosteranlage. *Tgl. 8–18 Uhr, Calle 28/ Calle 27*

ESSEN & TRINKEN

Kinich Kakmó
Insider Tipp

Nur 50 m von der gleichnamigen Pyramide entfernt serviert eine freundliche Familie einheimische Küche. *Calle 27 Nr. 299, Tel. 01988/954 04 89,* €

El Toro

Mexikanische Küche, Schwerpunkt Fleischgerichte vom Grill; viele Einheimische. *Calle 33, Plazuela del Toro gegenüber dem Kloster, Tel. 01988/967 33 40,* €€

Tumben-Lol

In der »neuen Blume« serviert man unter Palmenblättern yucatekische Küche, dazu leckere Süßigkeiten als Dessert. *Calle 22 Nr. 302, Tel. 01988/954 02 31,* €

EINKAUFEN

Hecho a Mano
Insider Tipp

Nicht alles ist hier von Hand gemacht, dafür jedoch originell und geschmackvoll. Die Besitzer Hector

Garza und Jeanne Hunt holen ihre Schätze aus dem ganzen Land. Eine gute Alternative zu den üblichen Souvenirläden; auch englischsprachige Bedienung. *Calle 31 Nr. 308*

ÜBERNACHTEN

Macan-Ché
Liebenswerte B-&-B-Pension beim Parador Turístico: elf Hütten in einem weitläufigen Garten mit Pool. *Calle 22 Nr. 305/Calle 33, Tel. 01988/954 02 87, www.macan che.com,* €

Rinconada del Convento
Das zentral gelegene und beste Haus der Stadt bietet Zimmer mit Klimaanlage, Internetzugang und einen Pool. *8 Zi., Calle 33 Nr. 294 (zwischen Calle 30 und 28), Tel./ Fax 01988/954 01 51, rincona da_delconvento@yahoo.com.mx,* €€–€€€

AUSKUNFT

Glorieta Fray Diego de Landa (Plazuela del Toro beim Kloster), Tel. 01988/954 00 09, Fax 954 01 53

ZIELE IN DER UMGEBUNG

Aké   [115 D2]
Auf halber Strecke zwischen Izamal und Mérida liegt nördlich der MEX 180 die *archäologische Stätte Aké (tgl. 9–17 Uhr),* berühmt geworden durch ihren *Templo de las Columnas,* eine niedrige Pyramide, auf der zwei Dutzend Säulen erhalten sind, die früher vermutlich ein Dach trugen. Es wird angenommen, dass sich hier regionale Mayahäuptlinge aus Yucatán zu Beratungen trafen. Einst führte eine 32 km lange und

13 m breite, weiß gekalkte Straße *(sacbé)* von Aké nach Izamal. Neben der Stätte liegt die verlassene Exhacienda Aké, die bis in die jüngste Zeit Sisal produzierte.

Dzilam de Bravo   [115 E1]
Von Izamal führen mehrere Nebenstraßen nach Norden und erreichen nach 60 km die Küste. Die Fischer der Ortschaft Dzilam (mit feinem Strand außerhalb des Orts) vermieten Boote für Ausflüge zu den 35 km östlich gelegenen *Bocas de Dzilam,* in eine unberührte Natur mit Dschungel, Mangroven, Dünen, Sumpf und »Oasen« *(petenes),* in denen sich das Wild sammelt: Meeresschildkröten, Flamingos, Pelikane, Fischadler, Spinnaffen und Sumpfkrokodile gehören zu den Bewohnern dieses Paradieses. Einheimische führen Besucher zum *Grab von Capitán Lafitte,* einem gefürchteten Piraten des 17. Jhs. Unterkunft am Meer bietet *Yan Lafit (18 Zi., Calle 11 Nr. 134 zwischen Calle 26 und 2, Tel. 01991/912 25 48,* €*).*

MÉRIDA

Karte in der hinteren Umschlagklappe

[115 D2] Die lebenslustige, wohlhabende Kolonialstadt (1,3 Mio. Ew.) ist Kapitale und wirtschaftliches wie kulturelles Zentrum des Bundesstaats Yucatán. Nirgendwo sonst sieht man so viele prächtig restaurierte Stadtpaläste – mit dem Handel von Sisal wuchs die Stadt zwischen 1880 und 1920 zu einer der reichsten Metropolen der Welt –, so schöne Alleen, Patios und Arkadengänge. Zahlreiche historische Bauwerke beherbergen heute Hotels, Restaurants und Museen. Méridas hervorragende touristische Infrastruktur, die teilweise ländlich geprägte koloniale Atmosphäre und die zahlreichen sehenswerten Orte der Umgebung lohnen einen mehrtägigen Aufenthalt.

Insider Tipp Am Wochenende ist das Zentrum autofrei, samstags für das *Straßenfest El Corazón de Mérida* mit viel Musik und Tanz, sonntags geht es weiter mit Straßenverkäufern, Musik, Umzügen und Restaurants im Freien. Während auf der einen Seite des Platzes die Trompeten einer *mariachi*-Kapelle und wehmütiger Gesang geradezu tragikomischer Machosänger über Leid und Liebe den Zuhörern fast die Tränen in die Augen treiben, spielen gegenüber einige Maya leise Töne auf der Marimba, einem großen, xylofonähnlichen Instrument. Dazwischen rennen Kinder, bieten Luftballon- und Eisverkäufer ihre Schätze an, genießen die Menschen *enchiladas* und Zuckerwatte.

SEHENSWERTES

Casa de Montejo

Der Palast des Stadtgründers Francisco de Montejo wurde 1542 errichtet. Seine Fassade ist aufwändig geschmückt, u. a. mit kunstvollen Figuren. Man kann den hübschen Patio besichtigen; das Haus gehört heute einer Bank. *Mo–Fr 8–17 Uhr, Südseite der Plaza Mayor*

Catedral San Ildefonso

Die 40 m hohen Türme der 1598 fertig gestellten Kathedrale überragen das gesamte Stadtzentrum. Das 90 m lange Mittelschiff wirkt heute eher karg, da die prachtvollen Silber- und Golddekorationen während des Kastenkrieges und der Revolution abhanden kamen. *Ostseite der Plaza Mayor*

Die Türme der Kathedrale: markanter Blickfang über der belebten Plaza Mayor

Insider PP

Hacienda San Antonio Cucul

Ein Tag in der Vergangenheit: Die Hacienda aus dem Jahr 1626 bietet weitläufige Blumengärten, einen großen Park mit verschwiegenen Picknickplätzen und viel kolonialer Architektur. Es gibt eine hacienda-eigene Kapelle, gut erhaltene Wasserkanäle sowie religiöse Kunst, u. a. aus geschnitztem Hartholz. *Tgl. 10 bis 18 Uhr, Calle 28 Nr. 340 A, Ortsteil San Antonio Cucul (im Norden der Stadt), www.sanantoniocucul.com.mx*

Palacio del Gobierno

Der Regierungspalast zeigt im ersten Stockwerk mehrere *murales* von Fernando Castro Pacheco. Berühmt ist das riesige, im naturalistischen Stil gehaltene Gemälde »Die Hände des Henequén-Arbeiters«, stille Anklage und Hinweis auf die früheren, mitunter sklavenähnlichen Arbeitsbedingungen der Plantagenarbeiter. Von den ⚑ Balkonen des Palasts genießt man einen vorzüglichen Blick über den Platz zur Kathedrale. *Tgl. 8–20 Uhr, Nordseite der Plaza Mayor*

Teatro Peón Contreras

Ursprünglich Teil eines Jesuitenklosters aus dem Beginn des 17. Jhs., dann zur Universität gehörig, seit Beginn des 20. Jhs. umgestaltet und heute ein Theater. Die prachtvollen Treppen und reiche Dekoration gehen auf den Sisalboom des 19. Jhs. zurück. Heute unterhält die Touristeninformation hier ein Büro. *Tgl. 8–20 Uhr, Calle 60/Calle 57*

Turibús

⚑ Ein offener Sightseeing-Doppeldecker verkehrt vom Zócalo alle 45 Minuten zu den wichtigsten Sehenswürdigkeiten der Stadt, an sechs Haltestellen kann man ein- und aussteigen. *Tgl. 9–21 Uhr, Fahrtdauer 2 Std., Tickets im Bus für 100, 140 oder 180 Pesos für 1, 2 oder 3 Tage, Sa/So 15 Pesos Aufpreis, www.turibus.com.mx*

MUSEEN

Museo Regional de Antropología

★ Fundstücke aus prähistorischer Zeit sowie aus unterschiedlichen Epochen der präkolumbischen Mayakultur: Keramik, Stelen, Skulpturen, Grabbeigaben, Schmuck, das Ganze ausgestellt in einem prächtigen Palast. *Di–Sa 9–20, So 8–14 Uhr, Palacio Cantón, Paseo de Montejo/Calle 43*

Museo de Arte Contemporáneo

Das Museum für zeitgenössische Kunst ist im ehemaligen Bischofspalast untergebracht und zeigt vornehmlich yucatekische Maler, darunter Fernando Castro Pacheco. *Mi–Mo 10–18 Uhr, Plaza Mayor/Pasaje de la Revolución*

Museo de Arte Popular

Insider Tipp

Eine schönere Zusammenstellung yucatekischer Volkskunst gibt es nirgendwo auf der Halbinsel. Neben Sisalprodukten, Körben und Hängematten findet man auch handbemalte Puppen aus Pappmaché mit beweglichen Gliedern, aus Kürbissen gefertigte Masken sowie Lebensbaumkeramiken, Trachten und Kunsthandwerk aus anderen mexikanischen Bundesstaaten. In der angeschlossenen Verkaufsausstellung können für wenige Pesos Produkte erworben werden. *Di–Sa 9–20, So 9–14 Uhr, Calle 59 Nr. 441*

Alberto's Patio Continental

Das berühmteste Restaurant der Stadt: Hierher führen Geschäftsleute ihre Gäste, hier diniert die mexikanische Mittelschicht und gönnen sich Touristen einen stilvollen letzten Mérida-Abend. Kerzen hüllen den arabisch gestalteten Patio in romantisches Licht, serviert werden Spezialitäten aus dem Nahen Osten. Reservierung ratsam. *Calle 64 Nr. 482/Calle 57, Tel. 01999/928 53 67, €€€*

Los Almendros

Authentische Mayaküche mit ungewöhnlichen yucatekischen Spezialitäten. Probieren Sie das Schweinefleisch aus dem Backofen! *Calle 50 Nr. 492 (Parque de la Mejorada), Tel. 01999/923 81 35, €€ – €€€*

La Bella Epoca

Internationale und arabische Küche in einem stilvollen Kolonialhaus im Zentrum. Eine Bar mit Salsamusik und eine ruhige, romantische Terrasse mit Springbrunnen nach hinten ergänzen das Lokal. *Calle 60 Nr. 497, Tel. 01999/928 19 28, €€€*

Insider Tipp

Café Club

Sandwiches, Pasta, französische und vegetarische Gerichte, auch Frühstück und preiswertes mehrgängiges Tagesmenü; außerdem Internetzugang. *Calle 55 Nr. 496 (zwischen Calle 60 und 62), Tel. 01999/923 15 92, €*

El Pórtico del Peregrino

Koloniales Stadthaus, original restauriert und in ein Restaurant mit Patio umgewandelt. Serviert werden mexikanische Spezialitäten. *Calle 57 Nr. 501 (zwischen Calle 60 und 62), Tel. 01999/928 61 63, €€€*

Casa de las Artesanías

Staatlicher Laden in einem alten Stadtpalast mit ungewöhnlicher Auswahl ausgefallener Produkte, auch hübsches Spielzeug, alles zu günstigen Preisen. *Calle 63 Nr. 503 a*

Miniaturas Arte Popular Mexicano

Insider Tipp

Yucatekische Volkskunst in Form von Miniaturen. *Calle 59 (zwischen Calle 60 und 62)*

Popol Ná

Gute Hängematten sowie alle Arten yucatekischen Kunsthandwerks. *Calle 59 (zwischen Calle 60 und 62)*

Aragón

Zimmer mit Klimaanlage und TV, Frühstücksraum vorhanden. *18 Zi., Calle 57 Nr. 474, Tel. 01999/924 02 42, Fax 924 11 22, www.hotelaragon.com, €*

Caribe

Das Kolonialhaus, ein ehemaliges Kolleg, liegt an einer attraktiven Plaza im Zentrum. Hübsches Patiorestaurant und Plätze im Freien. Der Pool auf dem Dach erlaubt einen Blick zur Kathedrale. *53 Zi., Calle 59 Nr. 500 (beim Parque Hidalgo), Tel. 01999/924 90 22, Fax 924 87 33, www.hotelcaribe.com.mx, €€*

Fiesta Americana

Das äußerlich einem viktorianischen Palast ähnelnde Haus bietet große, komfortable Zimmer sowie eine Einkaufsgalerie und 1.-Klasse-Busstation. *350 Zi., Av. Colón 451/ Paseo Montejo, Tel. 01999/ 942 11 11, Fax 942 11 12, www. fiestaamericana.com, €€€*

Luz en Yucatán

Gemütliche Apartments und Zimmer mit Küchenzeile im ehemaligen Konvent der benachbarten Kirche Santa Lucia; mit Pool, Garten und vielen Aufenthaltsräumen. *10 Zi., Calle 55 Nr. 499 (zwischen Calle 58 und 60), Tel. 01999/924 00 35, www.luzenyucatan.com, €*

Marionetas

100 Jahre altes ehemaliges Puppentheater mit großem Hof und Pool, geschmackvoll eingerichteten Zimmern sowie kleinem Internetcafé für Gäste. *8 Zi., Calle 49 Nr. 516 (zwischen Calle 62 und 64, Tel. 01999/928 33 77, Fax 923 27 90, www.hotelmarionetas.com, €€*

La Misión de Fray Diego

Kolonialer Missionspalast des 17. Jhs. zwei Blocks vom Zócalo mit zwei Patios, die den Pool und das Restaurant beherbergen. *26 Zi., Calle 61 Nr. 524 (zwischen Calle 64 und 66), Tel. 01999/924 11 11, Fax 923 73 97, www.lamisionde fraydiego.com, €€*

AM ABEND

Ballet Folklórico

Die Ballettgruppe der Universität zeigt Volkstanzdarbietungen. *Mi und Fr 21 Uhr im Peón-Contreras-Theater*

La Serenata

Do abends um 21 Uhr traditionelle Serenaden. *Plaza Santa Lucía*

Volkstanz

Yucatekische Volkstänze montags um 21 Uhr vor dem Palacio Municipal am Zócalo.

Jeden Montagabend wird Méridas Zócalo zur großen Tanzbühne

Ecoturismo Yucatán

Vogelbeobachtung, naturkundliche Führungen, Kajaktouren in der Umgebung. *Calle 3 Nr. 235 (Colonia Pensiones), Tel. 01999/920 27 72, Fax 925 90 47, www.ecoyuc.com*

Expreso Maya

Eine zweitägige, organisierte Eisenbahntour führt zunächst nach Uxmal (Besichtigung), dann zur Licht- und-Ton-Schau und Übernachtung nach Campeche. Am nächsten Tag wird ein *cenote* an der Strecke besichtigt, dann führt die Fahrt durch den Regenwald von Chiapas nach Palenque. *Inklusive Vollpension, Übernachtung und Eintritt je nach Komfort 500 oder 700 US-$, Auskunft und Buchung: Expreso Maya, Calle 1-F Nr. 310 (zwischen Calle 40 und 44), Stadtteil Campestre, Tel./Fax 01999/944 93 93, www.expresomaya.com*

Teatro José Peón Contreras, Calle 60/Calle 57, Tel. 01999/924 92 90, Fax 928 65 48, www.merida.gob.mx

ZIELE IN DER UMGEBUNG

Celestún [114 B2]

Das Hafenstädtchen 95 km westlich von Mérida bietet kilometerlange Naturstrände, von Kokospalmen gesäumt und zum Teil völlig unberührt. Zahlreiche Fischrestaurants am Strand und im Ort bereiten den Fang des Tages zu. Attraktion der Region ist ein 600 km² großes Naturschutzgebiet, der *Parque Natural del Flamenco Mexicano de Celestún,* in dem eine große Flamingokolonie zu Hause ist. Die ca. 25 000 Vögel nisten in Mangrovewäldern, und wenn sich die rosa Tiere mehrmals am Tag wie auf Kommando gemeinsam in die Luft erheben, ist das ein beeindruckendes Erlebnis. Selbst ernannte *guides* bieten Touren mit dem Motorboot in die Lagune und den Meeresarm Río Esperanza. Auf Wunsch wird die Vogelinsel *Isla de los Pájaros* angesteuert, wo auch andere Wasservögel wie Kormorane, Pelikane, Fregattvögel, Seidenreiher und Ibisse beobachtet werden können.

Ein Bus nach Celestún fährt von Mérida stündlich ab der Calle 71 (zwischen 64 und 66). Für ein paar komfortable Tage am Strand empfiehlt sich das *Eco Paraíso (Xixim, Camino Viejo a Sisal km 9,5, Tel. 01988/916 21 00, Fax 916 21 11, www.ecoparaiso.com, €€–€€€)* 9 km nördlich von Celestún, 15 *cabañas* mit Strohdach und ökologischem Anspruch.

Dzibilchaltún [115 D1]

Eine der ältesten und größten Mayastätten liegt ca. 20 km nördlich von Mérida und 3 km östlich der Autobahn nach Progreso. Dzibilchaltún (»Schrift auf flachem Stein«) stammt aus der vorklassischen Zeit und war bei der Ankunft der Spanier noch besiedelt. Die einst weitläufige Anlage umfasste auf 16 km² rund 8400 Gebäude, es wurde jedoch nur das 3 km² große Zentrum ausgegraben. Innerhalb der Anlage wurden zwölf *sacbeob* entdeckt, 15 m breite, steinerne Straßen, bis zu 1 km lang, die überwiegend ins Zentrum führen.

Von dieser Plaza Mayor verläuft eine 425 m lange *sacbé* ostwärts zum hervorragend restaurierten

Pelota

Das präkolumbische Ballspiel

Zu einem präkolumbischen Zeremonialzentrum gehörte in der Regel ein Ballspielplatz: Totonaken, Maya, Zapoteken, Azteken – sie alle huldigten dem rituellen Spiel. Der Platz *(tlachtli)* hatte die Form eines doppelten T, an den seitlichen Begrenzungsmauern waren zwei steinerne Ringe von ca. 50 cm Durchmesser angebracht. Zwei Mannschaften mit je drei bis sieben Spielern hatten die Aufgabe, einen Kautschukball mit Schultern, Knie, Ellbogen, Rumpf und der Hüfte (offenbar nicht mit der Hand oder dem Fuß) in der Luft zu halten, ohne dass er die Erde berührt, und durch den Ring zu stoßen. Man findet viele unterschiedliche Interpretationen zur Funktion und den Regeln des Spiels. Teilweise wird angenommen, dass der Ball die Sonne symbolisierte. Jedoch sind die Bedeutung und meisten Details des Spiels bis heute unklar geblieben, darunter auch, wie das Spiel endete.

Templo (oder *Pirámide*) *de las Siete Muñecas* (»der Sieben Puppen«). Die sieben kleinen Tonfiguren, die hier auf einem Altar gefunden wurden, befinden sich heute im archäologischen Museum von Mérida. Dieser Tempel zieht zu den Tagen der **Tagundnachtgleiche** im März und September viele Besucher an, wenn der Ost- und Westeingang des Bauwerks bei Sonnenaufgang effektvoll illuminiert werden. Ein kleines, schön gestaltetes Museum *(Museo de las Mayas)* bietet lokale Fundstücke.

Die die Stätte umgebende Natur mit zahlreichen seltenen Pflanzen, 80 Vogelarten sowie Reptilien und Säugetieren wurde als ökoarchäologischer Naturschutzpark ausgewiesen. In dem *cenote* an der Plaza Mayor, der 40 m tief ist und dann horizontal weitergeführt, leben endemische, vom Aussterben bedrohte Fische. *Archäologische Zone tgl. 8 bis 17, Museum Di–So 10–16 Uhr*

Hacienda Temozón [115 D3]

Insider Tipp

45 Minuten südlich von Mérida liegt eine detailgetreu restaurierte Hacienda aus dem 17. Jh., umgeben von wundervollen Gärten. Eine breite Treppe führt vom Park hinauf zur Kapelle mit drei Eingängen. Einer der beiden Glockentürme ist erhalten geblieben. Die in Ocker und Rotbraun gestrichenen Gebäude besitzen von Säulen gestützte Terrassen, große Pflastersteine bedecken den Hof, der Pool passt sich in die Landschaft ein.

Der Ausflug lässt sich mit einem Besuch des Restaurants verbinden, sofern man sich nicht gleich in der Hacienda einquartiert. Viele Räume sind mit antikem Mobiliar ausgestattet, einige große Suiten besitzen einen eigenen kleinen Swimmingpool. *26 Zi., Temozón Sur, Abalá, carretera Mérida–Uxmal km 182, Tel. 01999/923 80 89, Fax 923 79 63, www.luxurycollection.com/temozon, €€€*

Insider Tipp
Kabáh [114 C4]

An der Puuc-Route (sie umfasst Zeremonialanlagen der Maya, die im so genannten Puuc-Stil der klassischen Epoche erbaut wurden) liegt auch Kabáh ca. 100 km südlich von Mérida. Vor allem die Mosaiken aus Kalkstein, die als Dekorationen der Gebäude angebracht wurden, werden in Kabáh bewundert. Das Bauwerk *Codz Pop* (»gerollte Strohmatte«) wurde von den Spaniern *Templo de las Máscaras* (Tempel der Masken) genannt. Seine 46 m lange und 6 m hohe Fassade zieren 250 Masken des Regengottes Chac sowie eingerollte Strohmatten im Chenes-Stil. Bei einigen der Masken ist die Rüsselnase gut erhalten. Östlich des Codz Pop steht das *Teocalli* (Haus des Gottes), dessen Wände Säulenreihen schmücken.

Im Abschnitt auf der anderen Seite der Straße liegt der *Arco de Kabáh* (Bogen von Kabáh), ein Kraggewölbe ohne Dekoration, bei dem die 15 km lange Prozessionsstraße *(sacbé)* nach Uxmal beginnt. *Tgl. 8 bis 17 Uhr*

Ins Tip
Labná [115 D4]

120 km südlich von Mérida (Abzweig bei Sayil) liegt die kleine archäologische Stätte Labná, die besonders durch ihren Bogen bekannt geworden ist. Vom Eingang im Norden der Anlage erreicht man zunächst den *Palacio.* Der dreistöckige Palast zeigt steinerne Friese mit ungewöhnlicher Dekoration: Mondphasen, Stürme, Unwetter sowie – ganz oben – eine Gottheit, die sich in den Klauen einer Eidechse befindet. An einer Ecke des Frieses steckt ein Menschenkopf im geöffneten Schlund einer Schlange.

Eine erhöhte *sacbé* führt 170 m südlich zum Bogen von Labná, Reste des Straßenbettes und ihr Verlauf sind noch gut zu erkennen. *El Arco* mit einem perfekten Kraggewölbe ist im unteren Teil ohne Dekora-

Charakteristisch für Labná sind die reichhaltig verzierten Friese

tion, oberhalb eines Simses in der Mitte dagegen reichhaltig verlert. Der Fries der Westfassade zu beiden Seiten des Durchgangs besitzt als Hintergrund ein Gitterwerk sowie ein Muster aus stilisierten Mayatempeln und -häusern. Die östliche Fassade ist mit geometrischen Mustern dekoriert, vor allem Mäander und Quadrate. Der Bogen zeigt an einigen Stellen Reste seiner ursprünglichen ockerfarbenen Bemalung.

Loltún [115 D4]

Nahe Oxkutzcab 110 km südlich von Mérida liegen die seit 1959 erforschten *Grutas de Loltún* (»Höhlen der Steinblume«) von mehreren Kilometern Länge und bis zu 30 m Höhe. Sie zeigen Spuren, darunter Werkzeuge, denen zufolge sich bereits vor der Zeitenwende Menschen dieser Unterkunft bedient haben. Während der Frühzeit der Mayaepoche (ab 200) dienten die Höhlen vermutlich kultischen Zwecken. Ein Teil der Höhlen ist beleuchtet und kann besichtigt werden; man entdeckt Reste von Wandmalereien sowie Keramik. Nach dem Eingangsbereich betritt man die *Sala de Visitantes,* die Halle der Besucher, in der seit Urzeiten eine Frischwasserquelle sprudelt. An diese schließt sich *La Catedral* an, eine Halle von über 20 m Höhe, in der zwei hohe Kalksäulen stehen, die die Namen Lol und Tun tragen. Nähere Hinweise auf die Nutzung der Höhlen durch die Maya erhielten die Forscher in der *Sala de las Tres Chimeneas* (Saal der Drei Kamine) und der *Sala de las Inscripciones* (Saal der Inschriften, 100 m lang und 30 m hoch), in denen man Hieroglyphen an den Wänden fand. Der Besuch empfiehlt sich in der heißen Mittagszeit. *Tgl. 9–17 Uhr, geführte Touren zur vollen Stunde, 50 Pesos*

Mayapán [115 D3]

Rund 40 km südöstlich von Mérida liegt die letzte Stadt des Mayareiches, deren Blütezeit ca. 1200 bis 1450 vermutet wird. Einst 4 km^2 groß, von ovaler Form und von einer Mauer umgeben, standen hier 400 Gebäude, von denen bisher 114 als Tempel identifiziert wurden. Die übrigen dienten vermutlich Wohnzwecken. Ähnlich wie in Chichén Itzá findet man hier eine Pyramide des Kukulcán sowie ein Observatorium, doch ist die Stätte wesentlich kleiner und weit gehend noch nicht erforscht. *Tgl. 8–17 Uhr*

Progreso [115 D1]

36 km nördlich von Mérida liegt Yucatáns wichtigster Hafen (56 000 Ew.). 1856 fertig gestellt, diente er dem Sisalexport und wurde dadurch reich. Endlos scheint sich der 2 km lange, 9 m breite Pier vom weißen Strand durch das flache Wasser hinaus ins Meer zu ziehen. Die großen Schiffe können sogar 6,5 km vor der Küste anlegen, denn vom Pier führt ein weiterer, 4,5 km langer Viadukt zum neuen Tiefseehafen. An der langen Strandpromenade liegen zahlreiche Freiluftrestaurants und Cafés. Hier verbringen die Bewohner Méridas gern ein paar ruhige Ferientage. Progreso besitzt daher auch viele Hotels und Pensionen. Das *Siesta Inn (14 Zi., Calle 40 Nr. 238, Tel./Fax 01969/ 935 11 29, €€)* ist ein komfortables Stadthotel mit Klimaanlage und TV in den Zimmern, zwei Pools und Restaurant.

Sayil [114–115 C–D4]

5 km hinter Kabáh zweigt von der MEX 261 eine Straße nach Osten zum rund 110 km südlich von Mérida gelegenen Sayil ab. Der »Platz der Ameisen« wurde während der klassischen Epoche der Maya ab etwa 500 errichtet und war während der spätklassischen Periode, zwischen 600 und 800 n. Chr., eine wohlhabende Siedlung. Etwa 10 000 Ew. lebten während der wirtschaftlichen Blütezeit in Sayil.

Wenig ist bisher ausgegraben worden, dazu gehört der dreistöckige *Palacio:* Der 85 x 40 m große Palast besaß einst rund 80 Räume, umfasst mehrere Säulenhallen und wird von der Skulptur Zama-Cab, dem Gott der Dämmerung, geschmückt. Archäologen nehmen an, dass es sich um die Residenz eines Mayakönigs handelte.

Neben diesem Palacio, der zu den beeindruckendsten Bauwerken der Mayaarchitektur gehört, können ein *Ballspielplatz* und einige restaurierte *Tempel* besichtigt werden. *Tgl. 8–17 Uhr*

Uxmal [114 C3]

★ »Das Ganze hat eine Aura architektonischer Symmetrie und Großartigkeit«, rief schon der Mayaforscher John Lloyd Stephens begeistert aus. Tatsächlich: Wer einmal das 80 km südlich von Mérida gelegene Uxmal *(tgl. 8–17 Uhr, im Winter Licht-und-Ton-Schau um 19 Uhr in Spanisch, im Sommer 20 Uhr in Spanisch, 21 Uhr in Englisch, 88 Pesos)* frühmorgens besucht hat, wird umfangen vom Zauber der Stätte. Gleich nachdem sich der Frühnebel gelichtet hat, der die Stätte in der Morgendämmerung in geheimnisvolles, milchiges Licht taucht, geht die Sonne auf und beleuchtet die steinernen Dekorationen der Tempel und Paläste.

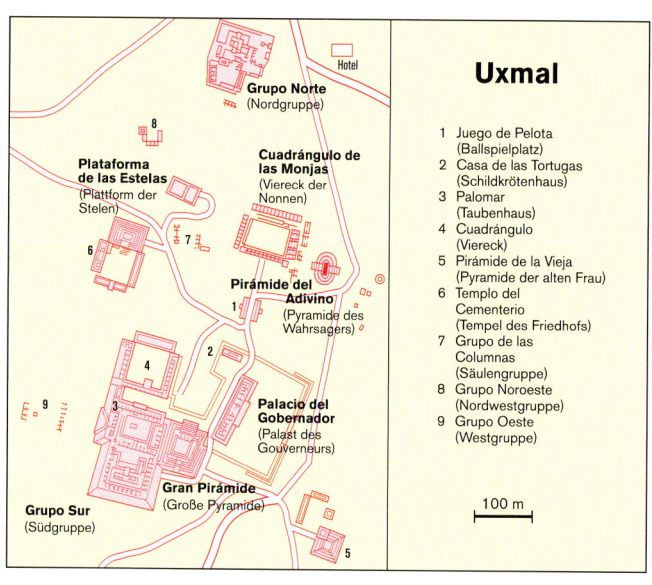

Uxmal

Grupo Norte
(Nordgruppe)

Hotel

Plataforma de las Estelas
(Plattform der Stelen)

Cuadrángulo de las Monjas
(Viereck der Nonnen)

Pirámide del Adivino
(Pyramide des Wahrsagers)

Palacio del Gobernador
(Palast des Gouverneurs)

Gran Pirámide
(Große Pyramide)

Grupo Sur
(Südgruppe)

1 Juego de Pelota
(Ballspielplatz)
2 Casa de las Tortugas
(Schildkrötenhaus)
3 Palomar
(Taubenhaus)
4 Cuadrángulo
(Viereck)
5 Pirámide de la Vieja
(Pyramide der alten Frau)
6 Templo del Cementerio
(Tempel des Friedhofs)
7 Grupo de las Columnas
(Säulengruppe)
8 Grupo Noroeste
(Nordwestgruppe)
9 Grupo Oeste
(Westgruppe)

100 m

Uxmals schönstes Bauwerk ist der von Stephens gepriesene Palast des Gouverneurs, nach Ansicht von Mayaforschern von herausragender Bedeutung für die Architekturgeschichte der Maya. Und mit der Pirámide del Adivino (des Wahrsagers), auch del Enano (des Zwergs) genannt, besitzt Uxmal (»die dreimal Gebaute«) ein Bauwerk, das in die Unescoliste des Welterbes aufgenommen wurde.

Am Eingang finden Sie ein kleines Museum, Toiletten, ein Restaurant und Souvenirläden. Am besten ist es, man lässt sich mehrere Stunden Zeit für die Besichtigung der Gebäude, die allesamt während der klassischen Mayaepoche (500–900) entstanden sind. Bald nach Passieren des Eingangs stößt man auf die *Pyramide des Wahrsagers*. Diese, 37 m hoch und in (seltener) ovaler Form, wurde insgesamt viermal überbaut, es finden sich fünf verschiedene Tempel in dem Bauwerk. Der älteste Tempel liegt am Fuß der Pyramide, zwei weitere in ihrem Inneren; sie sind zu erreichen über Treppen und Gänge. Der jüngste und am besten erhaltene Tempel krönt die Spitze, ein weiterer, reich dekorierter Bau schließt sich direkt unterhalb an.

Das gleich westlich gelegene *Cuadrángulo de las Monjas* (Viereck der Nonnen) umfasst einen 65 x 45 m großen Innenhof. Die umgebenden Gebäude weisen einige gut erhaltene Masken des Chac und der Gefiederten Schlange sowie Tierfiguren und stilisierte Mayahütten auf. Der Komplex erhielt seinen Namen von den Spaniern, die fälschlich annahmen, die Maya hätten in den vielen kleinen Räumen Nonnen oder Jungfrauen für die Opferung untergebracht. Verlässt man die Anlage durch einen Bogeneingang am Südbau, gelangt man zum Ballspielplatz und weiter zur *Casa de las Tortugas* (Haus der Schildkröten). Das 10 x 30 m große, erhöht auf einer Plattform ruhende Gebäude ist von einem Fries aus steinernen Schildkröten umgeben. Schließlich gelangt man zum *Palacio del Gobernador* (Palast des Gouverneurs), um 900 als Residenz für König Chac von Uxmal erbaut. Das durch seine gewaltigen Dimensionen (100 x 12 m) bereits äußerlich beeindruckende Bauwerk setzt sich zusammen aus einem mittleren und zwei Seitenbauten, verbunden durch zwei Kraggewölbe. Auffällig ist der oberhalb der elf Eingänge vorspringende, 3 m hohe, steinerne Fries, zusammengesetzt aus 20 000 Steinquadern, die geometrische Muster bilden. Erhalten sind auch zahlreiche der einst 150 Masken des Regengottes Chac: Da es in Uxmal keine *cenotes* gab, man vielmehr vom Wasser der Regenzeit abhängig war, das in Zisternen gesammelt wurde, verehrte man den Regengott Chac über alle Maßen.

Südwestlich des Bauwerks liegt die ❧ *Gran Pirámide* (Große Pyramide), an deren Westseite sich die große *Casa de las Palomas* (Haus der Tauben) anschließt – die dreieckigen dekorativen Aufbauten der Frontseite erinnerten die Spanier an Taubenschläge.

Für die Übernachtung eignet sich die *Lodge at Uxmal Mayaland (40 Zi., Ruinas de Uxmal, Tel. 01997/976 20 30, Fax 976 20 11, www.mayaland.com, €€€),* ein Komforthotel mit Tennisplatz und Pool in einem Park beim Eingang zur archäologischen Stätte.

Spanische Festung am Meer

Im Landesinneren führen Urwaldstraßen zu einsamen Pyramiden, und auf der karibischen Seite bestaunt man tropische Tiere und Pflanzen

Kein Ziel für Badetouristen: Die Westküste Yucatáns am Golf von Mexiko kann mit der Riviera Maya nicht konkurrieren. Die Naturstrände sind voller Treibgut und Tang, das Meer schimmert bräunlich grau. Ein – noch ungeschliffenes – touristisches Juwel besitzt der Bundesstaat Campeche hingegen mit der gleichnamigen Regionshauptstadt. Eine geruhsame Atmosphäre liegt über der Stadt, dem Verkehrsknotenpunkt der Region. Das Landesinnere war bis vor wenigen Jahren noch wegeloses Terrain, und inmitten des schwülen Dschungels liegen viele unerforschte archäologische Stätten.

Im Süden der Halbinsel Yucatán begegnet man nicht so häufig Touristen. Hier, an der Grenze zu Belize, geht deshalb das Leben der Bevölkerung seit Jahrzehnten ohne große Veränderungen zu. Nicht die USA und deren Besucher prägen den Alltag, sondern die mittelamerikanischen Nachbarn. Diese Gegend ist ein Paradies für Besucher, die das unverfälschte Yucatán erle-

Das Landesinnere von Campeche ist geprägt von schwülheißem Urwald und zahllosen Flussläufen

Museo de Arqueología in Campeche: enorme Jademasken aus Calakmul

ben wollen und nicht davor zurückschrecken, in einfachen *cabañas* zu übernachten. Sie ist auch ein Paradies für Tiere: An den Ufern des Río Hondo entlang der Grenze zu Belize leben noch immer Krokodile und *manatís,* die zutraulichen Seekühe. Von Chetumal aus lassen sich organisierte Ausflüge unternehmen. Per Kleinflugzeug oder per Bus und Boot gelangt man auf die *cayos,* kleine, der Küste vorgelagerte Karibikinseln.

CAMPECHE

[114 A5] »Campeches Straßen sind mexikanische Straßen, Campeche ist cool«, heißt es bei der jungen Be-

Häuser im spanischen Kolonialstil: an der Plaza von Campeche

völkerung über die Stadt. Tatsächlich: Campeche (270 000 Ew.) ist anders als Cancún und Mérida. Hier kennt man weniger Touristen, ist deshalb auch nicht in erster Linie an Dollars interessiert. Besucher zahlen gewöhnlich dieselben niedrigen Preise wie die Einheimischen. Darüber hinaus besitzt Campeche prächtige Kolonialarchitektur und präkolumbische Stätten.

Die erste spanische Gründung auf der Halbinsel Yucatán (1540) gelangte durch Ausfuhr von Edelhölzern und *chicle* (Gummi) schnell zu Reichtum und wurde damit für lange Zeit Ziel von Piratenattacken. So ließ man 1704 die Stadt durch den französischen Bauingenieur Luis Bouchard de Boccur befestigen. Diese Bastionen *(baluartes)* und Mauern umgeben heute die Altstadt und beherbergen Museen, Kunsthandwerksgeschäfte, einen botanischen Garten, Läden und die Touristeninformation. 5 km südlich der Stadt liegt die *Playa Bonita,* der weitere Strände folgen. Doch

hauptsächlich Einheimische schätzen die Bademöglichkeiten an den naturbelassenen Stränden und die günstige Infrastruktur. Für ausländische Reisegruppen ist Campeche oft nur Übernachtungsziel auf dem Weg zu den bedeutenden Mayastätten. Eigentlich schade, denn die geruhsame und freundliche Atmosphäre lädt geradezu ein, auf Stadtspaziergängen die schönsten Plätze und Häuser zu entdecken.

SEHENSWERTES

Centro Cultural Casa No. 6
Ein herrschaftlicher Wohnsitz aus dem 18. Jh., restauriert und mit passenden Möbeln ausgestattet, dient heute als Kulturzentrum. *Tgl. 9–21 Uhr, Eintritt frei, Calle 57 (zwischen Calle 8 und 10 an der Plaza)*

Centro Histórico
Die Straßenzüge um den Parque Central bilden das historische Zentrum von Campeche mit spani-

schen Häuserreihen und ehrwürdigen Stadtpalästen. Hier schlendert man zu Fuß oder nimmt (im Winter) die Touristenbahn Tranvía. *Calles 51–65 / Calles 8–18*

Mansión Carvajal

Der koloniale Stadtpalast besitzt eine reich verzierte Fassade, im Patio Galerien mit maurischen Bögen und Dekorationen aus Schmiedeeisen. Das mit Marmortreppen ausgestattete Bauwerk dient heute der Stadtverwaltung und einem Kunsthandwerksgeschäft. *Calle 10 Nr. 14 zwischen Calle 53 und 51*

MUSEEN

Museo Arqueológico de Campeche

In elf Sälen des historischen Forts Fundstücke der Mayaepoche: Keramik, Figurinen sowie einige Stelen und Masken. *Di–So 9–19 Uhr; Reducto de San Miguel, Av. Escénica (3 km südlich des Zentrums)*

Museo de la Ciudad

Ein Muss jeder Stadtbesichtigung ist das im Baluarte de San Carlos untergebrachte historische Museum. Die Exponate dokumentieren die Geschichte der Besiedlung am Golf von Mexiko, alte Fotografien geben Einblick in das Campeche zu Beginn des 20. Jhs. Ein weiterer Schwerpunkt widmet sich der Piratenepoche, in der Sir Francis Drake und Henry Morgan vor der Küste kreuzten, bereit zum Angriff mit Kanonen und Säbeln. *Di–Sa 8–20, So 9–13 Uhr; Baluarte de San Carlos, Calle 8 / Calle 63 (Circuito Baluartes)*

Museo de Arqueología

★ Fundstücke aus dem Staat Campeche, u. a. 30 Steinskulpturen und Stelen (aus Edzná) der klassischen Mayaepoche, auch Jademasken und -schmuck aus Calakmul. *Di–So 8 bis 20 Uhr; Baluarte Nuestra Señora de la Soledad, Calle 8 / Calle 57 (Nordwestseite der Plaza Principal)*

MARCO POLO Highlights
»Campeche und der Süden«

★ **Luz y Sonido**
Licht-und-Ton-Spiele auf den Bastionen von Campeche (Seite 78)

★ **Edzná**
Fünf Stockwerke im Dschungel, die es in sich haben (Seite 79)

★ **Museo de Arqueología**
Steinskulpturen in der Festung von Campeche (Seite 77)

★ **Kohunlich**
Die größten Masken der gesamten Mayawelt (Seite 84)

★ **Calakmul**
Regenwald mit Pyramiden (Seite 79)

★ **Palenque**
Die besterhaltene Mayastätte ganz Mexikos (Seite 80)

★ **Sian Ka'an**
Geführte Touren durch das Biosphärenreservat (Seite 86)

ESSEN & TRINKEN

Spezialitäten der Stadt sind *pan de cazón* (Haifischbrot), nämlich Tortillas mit scharf gewürztem Püree vom Hundshai, sowie *nac-cum* oder *huachinango* (Red Snapper) mit würziger grüner Sauce.

Insider Tipp Casa Vieja

Über den Arkaden des Hauptplatzes wird mexikanische und karibische Küche serviert. Stets dabei: köstliche, scharf gewürzte Fischgerichte. *Calle 10 Nr. 319 (Ecke Calle 55), Tel. 01981/811 80 16,* €

Insider Tipp La Parroquia

Täglich zwei bis drei regionale Gerichte *(menú del día)*, schmackhaft und sehr preiswert. Die hohe Halle ist rund um die Uhr geöffnet. *Calle 55 Nr. 8, Tel. 01981/816 25 30,* €

La Pigua

Das beste Fischrestaurant der Stadt am Malecón serviert täglich frische Meeresfrüchte; köstlich sind die *camarones al coco. Calle 8 179 a (zwischen Calle 49 a und 49 b), Tel. 01981/811 33 65,* €€€

EINKAUFEN

Vor allem Hängematten und Panamahüte werden von Straßenhändlern günstig angeboten. Verschaffen Sie sich am besten zuvor einen Überblick in einem der vielen Kunsthandwerksgeschäfte in der Altstadt! Mayatrachten, handgemachte Puppen und andere traditionelle Handarbeiten werden täglich auf dem Markt vor dem Fuerte San Pedro und im Baluarte San Carlos verkauft.

ÜBERNACHTEN

América

Haus im Kolonialstil, Zimmer mit Bad, Ventilator, Telefon und TV. Mit Patio und Parkplatz, dazu zentrale Lage. *52 Zi., Calle 10 Nr. 252, Tel. 01981/816 45 88, Fax 811 05 56, www.hotelamericacampeche.com,* €

Colonial Insider Tipp

Während der Kolonialzeit beherbergte das Haus den Statthalter des Königs. Einfache Zimmer mit Bad und Ventilator, auch mit Klimaanlage (Aufpreis), in zentraler Lage. Das beste Preis-Leistungs-Verhältnis der Stadt. *30 Zi., Calle 14 Nr. 122, Tel. 01981/816 22 22, Fax 816 26 30,* €

Francis Drake

Koloniales Haus am Rand der historischen Altstadt, große und komfortable Zimmer; sehr empfehlenswert. *24 Zi., Calle 12 Nr. 207, Tel. 01981/811 56 26, Fax 811 56 28, www.hotelfrancisdrake.com,* € – €€

Del Paseo

Neues Haus einen Block vom historischen Zentrum, komfortable Balkonzimmer mit Klimaanlage, verglaster Patio mit Restaurant. *48 Zi., Calle 8 Nr. 215, Tel. 01981/ 811 01 00, Fax 811 00 97, www. hoteldelpaseo.8k.com,* €€€

AM ABEND

Luz y Sonido

★ »Licht und Ton« heißt die Multimediashow, die die Geschichte Campeches seit der Gründung durch die Spanier bis heute wiedergibt. Besonders schön: Schauspieler stellen historische Szenen nach, und als Bühne fungieren ein altes

Stadttor und die umliegenden Mauern. *Di, Fr, Sa 20.30 Uhr, Puerta de Tierra, Calle 18/Calle 59*

AUSKUNFT

Av. Adolfo Ruiz Cortines, Plaza Moch Couoh, Tel. 01981/ 811 92 55, Fax 816 67 67, www. campechetravel.com, sowie in allen Baluartes

ZIELE IN DER UMGEBUNG

Calakmul   **[120–121 C–D 1–4]**

★ Das Biosphärenreservat Calakmul liegt im Landesinneren an der Grenze zu Guatemala und bildet die größte zusammenhängende und geschützte Fläche tropischen Waldes in Mexiko. 3800 km^2 des Reservats sind als Naturschutzgebiet ausgewiesen. Ziel ist es, einer weiteren Entforstung entgegenzuwirken und die als Kleinbauern im Reservat lebenden Siedler mit ökologisch verträglichen Anbau- und Erntemethoden vertraut zu machen.

Während der Blütezeit der Maya war Calakmul – die archäologische Stätte liegt 60 km südlich der MEX 186 – das bevorzugte Siedlungsgebiet des präkolumbischen Volkes. Zur archäologischen Stätte von Calakmul gelangen nur wenige Besucher. Bislang wurden Hunderte von Baudenkmälern kartografiert, darunter die Ruine einer eindrucksvollen Pyramide. Die Stätte gehört seit 2002 zum Unesco-Welterbe. *Tgl. 7–18 Uhr*

Edzná   **[114 B5]**

★ Inmitten der schwülheißen Buschlandschaft liegen 60 km südöstlich von Campeche die ein-

Treppe auf den Tempel der fünf Stockwerke in Edzná: Die Maya kannten das Rad noch nicht – und auch nicht die Rolltreppe

drucksvollen Mayaruinen von Edzná, mit dem Mietwagen von Campeche in einer Stunde zu erreichen. Ein Besuch lohnt sich für jene, die den Variationsreichtum der Mayabauwerke auf der Halbinsel Yucatán studieren möchten. Die archäologische Stätte gehört zur so genannten Chenes-Region, einer Gegend, die einen besonders ornamentreichen Baustil der Maya aufweist. Andererseits finden sich in Edzná auch Bauwerke, die Elemente des Puuc-Stils zeigen. Den zentralen Platz beherrscht das *Edificio de los Cinco Pisos,* der Tempel der Fünf Stockwerke. Der gewaltige, 32 m hohe Bau liegt auf der zentralen Achse einer riesigen Akropolis. Die einzelnen Geschosse beherbergen eine Reihe von Kammern und sind so angeordnet, dass das jeweilige Dach als Terrasse des folgenden Stockwerks dient. Überwölbte Gänge schmücken die Fluchten der breiten Treppen. Vermutlich beherbergten die Räume einst Priesterwohnungen.

An mehreren kleineren Tempeln wurden eindrucksvolle Stuckmasken freigelegt. Diese Masken, die einst auch die *crestería,* den Dachkamm des Tempels der Fünf Stockwerke, schmückten, gaben Edzná ihren Namen: »Haus der Masken«. Die Wasserknappheit im heutigen Campeche stellte bereits für die Maya ein Problem dar. In Edzná, wo es keine *cenotes* gab, legten sie ein System von seichten Kanälen an, das sternförmig über viele Kilometer hinweg verlief und das während der Regenzeit fallende Wasser speicherte. *Tgl. 8–17 Uhr*

Palenque [118 C5]

★ Mitten im Regenwald und schon zum an Yucatán angrenzenden Bundesstaat Chiapas gehörig, liegt rund 350 km südwestlich von Campeche an den Ausläufern des Usumacinta-Gebirges die geheimnisvolle Mayastätte Palenque *(tgl. 8 bis 18 Uhr),* die am besten erhaltene aller Mayaanlagen. Unmöglich zu sagen, was beeindruckender ist, die sich steil erhebenden Pyramiden mit den steingrauen Tempeln, deren älteste vor zwei Jahrtausenden erbaut wurden, oder der sie umgebende dichte Urwald.

Auf einer neunstufigen Pyramide steht der *Templo de las Inscripciones* (Tempel der Inschriften), das berühmteste Bauwerk der Stätte, vermutlich 692 n. Chr. errichtet. Im 20. Jh. entdeckte man bei Ausgrabungen einen mit Schutt angefüllten Gang in der Pyramide. Dieser führte im Inneren des Bauwerks nach unten bis unter die Erde, geradewegs in eine Grabkammer. In einem steinernen Sarkophag ruhten die Überreste des Priesterkönigs Pacal (615–683), des ersten großen Herrschers der Stätte, umgeben von Schmuck und angetan mit einer Jademaske. Die Entdeckung war eine Sensation, der bis dato erste Fund, der bewies, dass auch die Maya ihre Elite in Pyramiden bestatteten. Die Grabkammer können Sie heute besichtigen, wenn Sie sich trauen, den langen und stickigen Weg durch das Innere der Pyramide zurückzulegen. Der Tunneleingang befindet sich auf der obersten Plattform. Deutlich zu erkennen sind in einem Tempelraum auch die 617 Hieroglyphen, die dem Gebäude seinen Namen gaben.

Das größte Bauwerk Palenques ist der *Palacio,* ein beeindruckender Komplex von 103 m Länge und 73 m Breite, zusammengesetzt aus

Steile Pyramiden, umgeben von dichtem Urwald: Palenque

unterschiedlichen Gebäudegruppen. 200 Jahre und sechs Regentschaften vergingen, bevor der unter Pacal im 7. Jh. begonnene Palast fertig gestellt war. Stufen führen auf allen Seiten zu diversen Plattformen, zu Innenhöfen und kleineren Tempeln. Auffällig ist ein 15 m hoher Turm mit vier Stockwerken. Das *Observatorium* genannte Bauwerk soll den Mayaastronomen zur Beobachtung der Sterne gedient haben.

Überquert man im Zentrum den Fluss Otulum, gelangt man unmittelbar auf der anderen Seite zu einer kleinen Plaza mit drei Tempeln. Der *Templo del Sol,* der auf fünf Terrassen thront, besitzt ein gut erhaltenes Relief mit dem Symbol des Sonnengottes. Eine gut erhaltene *crestería* – ein durchbrochener Dachaufbau, häufiges dekoratives Element der Bauwerke – ziert das Gebäude.

Wegen der gewaltigen Ausdehnung der Stätte konnte bisher nur ein kleiner Teil freigelegt werden. Auf Spaziergängen entdeckt man weitere Hügel, unter denen mit Sicherheit Gebäude liegen. Nördlich des Zentrums gelangen Sie durch dichte Vegetation zur *Gruppe C,* die gegenwärtig von Archäologen untersucht wird. Hier sind Sie fast allein; die Wege führen durch dichten Dschungel, aus dem helle Pyramiden und Tempel herausragen.

Inside Tipp

Etwa 2 km vor der archäologischen Stätte liegt das moderne *Museum* (mit Bibliothek, Cafeteria, Souvenirshop), das mit einem Modell der Anlage einen ersten Überblick gibt und Ausgrabungsfunde zeigt.

Besucher wohnen in der gleichnamigen, etwa 8 km entfernten Stadt Palenque oder in einem der zahlreichen stimmungsvollen Hotels an der Straße zwischen der Ortschaft und der archäologischen Stätte. Zur Übernachtung empfiehlt sich das *Maya Tulipanes (72 Zi., La*

Cañada 6, Tel. 01916/345 02 01, Fax 345 10 04, www.mayatulipa nes.com.mx, €€) im grünen und ruhigen Stadtteil La Cañada westlich des Zentrums. Abseits vom Lärm und Staub der quirligen und schwülen Ortschaft genießen Sie hier den schattigen Garten, einen Pool, Zimmer mit Klimaanlage und ein vorzügliches Restaurant. Vom Dorf verkehren ständig Kleinbusse zur archäologischen Stätte.

Palenque erreichen Sie außer von Campeche auch per Flug oder Busfahrt von Cancún, Playa del Carmen, Chetumal und Mérida.

CHETUMAL

[122 C3] Chetumal, die Hauptstadt (140 000 Ew.) des Bundesstaates Quintana Roo, liegt am Meer, doch ist das Wasser für Besucher meist merkwürdig fern: Entlang dem Ufer verläuft eine viel befahrene, breite Straße, und Touristen sieht man kaum in der Stadt. Wer es schafft, die Straße zu überqueren, wird mit einem (allerdings oft windigen) Spaziergang am Meer belohnt. Erst auf den zweiten Blick entdeckt man ruhige Wohnstraßen mit Reihen von Holzhäusern im Kolonialstil und großen Flamboyantbäumen in den Gärten, die so typisch sind für die Karibik. Die meisten Gebäude sind jedoch neueren Datums, da in den Vierziger- und Fünfzigerjahren Hurrikans die Stadt heimsuchten. Entlang der breiten, im Schachbrettmuster angelegten Straßen im Zentrum liegen moderne Hotels, Restaurants und zahlreiche Geschäfte. Verlässt man die Hafengegend der Stadt, dann sieht man bald Fischerboote am Strand liegen.

Viel zu sehen gibt es in der Stadt nicht. Sie dient Touristen vor allem als Durchgangsstation auf dem Weg nach Belize und als Ausgangspunkt für die in der Nähe gelegenen archäologischen Stätten und Naturschönheiten.

MUSEUM

Museo de la Cultura Maya

Inside-Tipp

In acht Abteilungen werden die Entwicklung der Mayakultur in Mittelamerika, Modelle architektonischer Glanzleistungen und archäologische Fundstücke gezeigt. Mit Einführung in die Astronomie und Mathematik der Maya sowie interaktiven Programmen. *Di–So 9–19 Uhr, Av. Héroes/Mahatma Gandhi*

ESSEN & TRINKEN

Arracheras de Don José

Bei einer Piña Colada sitzt man unter Sonnenschirmen auf der Terrasse. Rindfleischtacos *(de arrachera)* sind die Spezialität des Hauses, ebenfalls lecker ist die frisch gemachte Guacamole. Nur abends geöffnet. *Av. Ortiz de Domínguez 69, Ecke Bulevar Bahía 62, Tel. 01983/ 832 88 95, €€*

El Fenicio

Mexikanische Küche, spezialisiert auf *pollo*. Üppiges Frühstück, rund um die Uhr geöffnet. *Av. Héroes 74/ Zaragoza, Tel. 01983/832 00 26, €*

Teranga

Gegenwärtig *der* Ort, an dem man sich trifft: Spezialitäten sind exotische Fischgerichte, Lammfleisch in scharfer Sauce sowie Wachteln. *Av. San Salvador 441/Sicilia, Tel. 01983/832 17 67, €€*

EINKAUFEN

Chetumal ist Freihandelszone, Luxus-, Marken- und Elektronikartikel sind besonders preiswert zu haben.

ÜBERNACHTEN

María Dolores
Einfache Zimmer mit Ventilator, kleines Restaurant vorhanden, eigener Parkplatz. *41 Zi., Alvaro Obregón 206, Tel. 01983/832 05 08, Fax 832 63 80, €*

Marlon
Zimmer mit Klimaanlage, TV und Bad, kleiner Pool und Restaurant. *50 Zi., Av. Juárez 87, Tel. 01983/832 94 11, Fax 832 65 55, €€*

Suites Arges
Das gepflegte Haus besitzt leider keinen Pool, dafür ein gutes und beliebtes Restaurant. *37 Zi. und Suiten, Av. Lázaro Cárdenas 212, Tel. 01983/832 95 25, Fax 832 94 14, arges@200.33.110.20, http://hotelarges.elclipo.com, €€€*

STRÄNDE

Playa de Calderitas
Die nächsten Strände liegen nördlich außerhalb der Stadt. Calderitas ist dicht beschattet und lang gestreckt, es entsteht trotz seiner Beliebtheit kein Gedrängel. Vielfältiges Wassersportangebot. Vogelliebhaber finden hier Reiher, Pelikane und andere Spezies.

Ichpaatún
Insider Tipp

Nördlich von Calderitas reichen die Bäume bis an den weißen Strand und spenden dort Schatten. Im dahinter liegenden Dschungel graben Archäologen eine bedeutende Mayastätte aus.

AUSKUNFT

Calzada del Centenario 622, Colonia del Bosque, Tel. 01983/835 08 60, Fax 835 08 80, www.chetumal.com

ZIELE IN DER UMGEBUNG

Becán und Río-Bec-Zone [121 D3]
Insider Tipp

An der MEX 186 liegt auf halber Strecke zwischen Karibik und dem Golf von Mexiko (rund 130 km westlich von Chetumal) die Río-Bec-Zone der Maya mit rund 20 archäologischen Stätten. 1908 berichtete der französische Archäologe Maurice de Perigny auf einem Kongress in Paris von diesem Gebiet, wo er äußerst ungewöhnliche präkolumbische Bauwerke entdeckt hatte, nämlich niedrige Tempel, von zwei Pyramiden flankiert, deren Treppen so eng und steil sind, dass man sie nicht betreten kann. Auch fand er einen Bach, der in der Regenzeit voll Wasser stand und an dessen Ufer Eichen wuchsen. Eiche heißt in der Mayasprache Bec, und so nannte er den Bach Río Beque. Später benannten Archäologen die gesamte Region mit zahlreichen Ruinenstätten ähnlicher Bauwerke Río Bec. Es wird angenommen, dass die Zone von 2000 v. Chr. bis 1200 n. Chr. besiedelt war und die meisten der heutigen Bauwerke ab ca. 600 errichtet wurden.

Die bedeutendste archäologische Stätte am Río Bec ist *Becán (tgl. 8–17 Uhr),* in den Dreißigerjahren entdeckt. An der *Akrópolis* erheben sich zwei 25 m hohe Pyramiden, die eher wie Türme aussehen und deren Ecken abgerundet sind. Zwischen ihnen liegt ein lang gestrecktes, einstöckiges Gebäude mit einem Eingang, von einem Erdmonster oder Erdgott dekoriert, dessen Pranke gut zu erkennen ist. Drei Plazas mit ca. 20 Gebäuden sind von Bäumen umgeben, in einer liegt ein niedriger Altar. Im *Gebäude VIII* finden sich zehn Tunnel ohne Licht und Luftzirkulation, deren Gewölbe sich 10 m hoch erstrecken. *Gebäude X* enthält eine hölzerne Oberschwelle, die auf das Jahr 600 datiert wird. Die gesamte Anlage wird von einem gewaltigen Wasserreservoir umgeben, 1500 m lang, 5 m tief und 15 m breit.

2 km südöstlich von Becán liegt *Chicanná (tgl. 8–17 Uhr)*. Kunsthistorisch interessierte Besucher kommen hauptsächlich wegen der *Casa de la Boca de la Serpiente* (dem Haus des Schlangenkopfs), gelegen an der Ostseite des Hauptplaza (Gebäude II). Das Bauwerk ist sehr gut erhalten und zeigt an seiner Westseite die aufwändigste Maskendekoration der Río-Bec-Region: Der Tempeleingang stellt das geöffnete Maul eines schlangenähnlichen Monsters dar, das vermutlich Itzamná, den Gott der Schöpfung, repräsentieren soll. Gegenüber diesem Schlangentempel liegt *Gebäude I*, zu erkennen an seinen zwei charakteristischen Türmen im Río-Bec-Stil. Ein wenig weiter nordwestlich erhebt sich *Gebäude XX*, zweistöckig und mit Masken des Regengotts Chac an den Ecken. Im kleinen *Gebäude VI* lassen sich über den Eingängen zu den zwei Räumen hölzerne Oberschwellen erkennen, die seit mehr als 1000 Jahren eine schwere Last tragen.

15 km östlich von Becán liegt *Xpujil (tgl. 8–17 Uhr)*, wo *Gebäude I* den typischen Río-Bec-Stil repräsentiert. Jedoch ist hier ein dritter Pyramidenturm in die Mitte gesetzt worden, der besonders gut erhalten ist. Seine Westfassade zeigt noch einen großen Teil der originalen Dekoration. Deutlich ist zu sehen, dass Pyramide und Tempel keine Funktion hatten, massive Bauwerke, die weder bestiegen noch betreten werden konnten. Die Treppe wird von drei Schlangenmasken geschmückt, deren Ausgestaltung sehr aufwändig ist.

Die Stätten *Hormiguero* und *Río Bec* liegen 15 km südlich von Becán und Xpujil im Dschungel und können nur in der Trockenzeit von November bis April erreicht werden, da während der übrigen Monate Regenfälle die Piste unpassierbar machen. Die Strecke führt weiter nach Süden zu archäologischen Stätten im Grenzgebiet zu Guatemala.

Cenote Azul [122 B3]

Insider Tipp

Etwa 8 km nach dem südlichen Beginn der Laguna de Bacalar (rund 35 km nordwestlich von Chetumal) liegt – mit der Lagune unterirdisch verbunden – der Cenote Azul. Die »blaue Wassergrotte« ist umgeben von dichter tropischer Vegetation (viele Stechmücken!). 185 m im Durchmesser und 80 m tief, bietet sie abenteuerliche Schnorchel-, Schwimm- und Tauchgelegenheiten. Sie ist ein viel besuchter Freizeitsee geworden, ein Restaurant ist vorhanden. *Tgl. 8–20 Uhr*

Kohunlich [122 B3–4]

★ Das ehemalige Zeremonialzentrum der Maya rund 70 km westlich von Chetumal war von 300 bis 1100 besiedelt und ist noch weit gehend unerforscht. Viele der Pyramiden sind lediglich als bewachsene Hügel zu erkennen. Die restaurierten Gebäude aus dem 8. Jh. werden seit 1970 erkundet. Ausgrabungen brachten zwei außergewöhnlich große Masken von 2 m Höhe zu Tage, die, als Dekoration in eine Seite des Haupttempels *Templo des las Mascarones* (»Tempel der Masken«) integriert und gut erhalten, menschliche Gesichtszüge tragen. Bei genauerem Hinsehen entdeckt man Farbreste (schwarz, rot, weiß) in den Vertiefungen der Steine. Es wird vermutet, dass es sich um Kinich Ahau, den Mayagott der Sonne, handelt. Auf der *Plaza de las Estelas* wurden mehrere Stelen gefunden, der Ballspielplatz muss noch restauriert werden. Man entdeckte ein ausgeklügeltes Bewässerungssystem aus Zisternen und Wasserkanälen, die das Nass zu Feldern und Gärten der Umgebung leiteten. *Tgl. 8–17 Uhr*

Laguna de Bacalar   [122 B–C3]
Die zwischen der Bahía de Chetumal und der MEX 307 gelegene Laguna Bacalar schimmert 50 km lang in Türkis, Aquamarin und Beige, je nach Sonnenstand, und das Grün des Dschungels spiegelt sich im Wasser; sie wird deshalb auch *Las Lagunas de Siete Colores* (»Lagunen der Sieben Farben«) genannt. Bereits 435 gründeten die Maya am Westufer der Lagune (38 km nördlich des heutigen Chetumal) die Siedlung Bacalar (»von Schilfrohr umgeben«). Ein Jahrtausend später eroberten die Spanier die Region und gründeten 1544 Villa Salamanca de Bacalar. Tropische Harthölzer

(u. a. Mahagoni) aus dem umgebenden Urwald und *palo de tinte,* ein Holz, das man in Europas Textilindustrie zum Färben benutzte, wurden nach Europa verschifft. Da Piratenangriffe nicht ausblieben, errichtete man zum Schutz der prosperierenden Ortschaft 1728 das ⚜ *Fuerte San Felipe,* ein Hügelfort, umgeben von einem 4 m tiefen Graben. Im Krieg der Kasten wurde es von den Maya 1858 besetzt und bis 1902 gehalten, als die mexikanischen Truppen die Übermacht gewannen. Heute enthält das Fort ein kleines Geschichtsmuseum, das *Museo Regional de Bacalar Fuerte San Felipe* (*Di–So 11–19 Uhr*). Es zeigt in einem Saal Fundstücke aus der präkolumbischen Epoche, teilweise aus der Lagune geborgen, und koloniale Exponate. In den Gärten veranstalten Einheimische am Wochenende Picknicks.

Ein ökologisch ausgerichtetes Hotel ist das *Rancho Encantado (Tel./Fax 01983/831 00 37, www.encantado.com, €€€)* in der Ortschaft Bacalar. Die Ranch ist umgeben von Gärten mit Orchideen und blühenden Mangobäumen, Kolibris schwirren umher – 150 verschiedene Vogelarten haben die Besitzer auf ihrem Gelände gezählt. Vom eigenen Bootsanleger aus unternimmt man Ausflüge in die Lagune. Die zwölf *casitas* sind ganz nach Tradition aus lokalem Hartholz erbaut, jeweils mit zwei Zimmern, Bad, Kochecke und Veranda. Das schöne ⚜ *Restaurant Aluxes (Costera Bacalar 79, Tel. 01983/ 834 28 17, €€)* direkt am Wasser serviert mexikanische Küche, darunter lokale Fischspezialitäten. Besitzer Jaime bietet den Gästen auch Schlauchbootfahrten auf der Lagune.

SIAN KA'AN

[117 D–E 5–6] ★ Südlich von Tulum beginnt das Naturschutzgebiet Sian Ka'an (»Geburt des Himmels«), seit 1987 als Reserva de la Biósfera unter dem Schutz der Unesco. Von insgesamt 5250 km² des Parks entfallen 1200 km² auf zwei Buchten mit Anlagen für die Hummerzucht. Ein 110 km langes Korallenriff erstreckt sich vor dem Biosphärenreservat. Die Besonderheit von Sian Ka'an ist seine enorme Vielfalt: Man findet tropischen Dschungel und Mangrovesümpfe, Salzflächen und 27 präkolumbische Ruinen, außerdem zwei Dutzend karibische Traumstrände. Fauna und Flora sind ausgesprochen artenreich: Bisher wurden 1200 Pflanzenarten identifiziert und allein 345 Vogelarten. Unter den 70 Säugetierarten befinden sich Rehe, Seekühe und Jaguare; auch Meeresschildkröten und Krokodile leben im Reservat.

Das weit gehend wegelose Naturparadies wird erschlossen vom Camino Boca Paila, der von Norden (Tulum) bis Punta Allen (60 km) am Ende einer Landspitze zwischen dem Meer und der Laguna Campechén verläuft. Rustikale Unterkünfte *(cabinas)* liegen an der Schotterstraße. In Punta Allen werden Bootsausflüge in die abseits gelegenen und nur über das Wasser zu erreichenden Lagunen zur Beobachtung der Tierwelt angeboten. Ein weiterer Zugang führt 60 km südlich von Tulum bei Chumpón durch das Naturschutzgebiet bis Vigía Chico. Für Ausflüge nach Sian Ka'an braucht man ein eigenes Auto; allerdings lassen sich auch organisierte Ausflüge ab Cancún unternehmen.

ZIELE IN SIAN KA'AN

Chunyaxché und Muyil

Die Laguna Chunyaxché liegt ganz im Norden des Naturreservats südlich von Tulum. An ihrer Nordseite erstreckt sich auf einem Felsrücken die gleichnamige *archäologische Stätte (tgl. 8–16 Uhr)*, der »Ort der Kaninchen«. Sie war ab dem 1. Jh. v. Chr. bis zur Ankunft der Spanier besiedelt. Eine *sacbé* führt 500 m vom Zentrum der Anlage zum Ufer der kleineren, nordwestlich neben der Laguna Chunyaxché liegenden Laguna Muyil. Sie wird von sechs Ruinen aus der postklassischen Mayaepoche gesäumt. Unter ihnen befindet sich das 21 m hohe *El Castillo,* das einen in der Mayaarchitektur selten gerundeten Turm besitzt, vielleicht ein Observatorium.

Die Laguna Muyil ist durch einen Kanal, der bereits von den Maya geschaffen wurde, mit der Laguna Chunyaxché verbunden, sodass die archäologische Stätte auch per Boot von Boca Paila und Punta Allen zu erreichen ist. *Inside Tipp*

Felipe Carrillo Puerto

Die MEX 307 bildet weit gehend die westliche Grenze von Sian Ka'an mit mehreren Zugangsmöglichkeiten in das Naturschutzgebiet. 95 km südlich von Tulum liegt Felipe Carrillo Puerto (45 000 Ew.). Hier lohnt sich ein Stopp für eine Erfrischung und einen kleinen Bummel durch den Ort, der 1901 auf der zerstörten Mayasiedlung Chan Santa Cruz errichtet wurde. Das *Museo de la Cruz Parlante (Mo–Sa 10 bis 16 Uhr)* in der Mayakirche Nohoch Balam Na gibt Aufschluss über den religiösen Kult des »sprechenden Kreuzes«.

Das Fischernest Punta Allen liegt am Ende einer Landzunge in der Karibik

Punta Allen

Das Küstendorf ist von Tulum aus auf einer Naturstraße (60 km) mit dem PKW zu erreichen. Unterwegs passiert man nach 25 km die Siedlung *Boca Paila*. Dort befinden sich Bungalows am Strand, beliebt vor allem bei US-amerikanischen Hochseeanglern. Auf einer schmalen Halbinsel zwischen dem Karibischen Meer und der Lagune Muyil ist man hier umgeben von weit gehend unberührter Natur.

Das fast verträumte Punta Allen (800 Ew.) liegt mit einem Leuchtturm und einer Marinestation ganz am Ende der Landzunge vor der Bahía de la Ascensión. Ein einsames karibisches Fischernest, dessen Bewohner vornehmlich von der Hummerzucht leben. Mit einem Dutzend einfacher Gästehäuser und einigen Fischrestaurants erwartet man den Tourismus, doch finden bislang nicht viele den Weg von Cancún hierher. Man kann sich von einem

Fischer mit auf Hummerfang nehmen lassen oder eine Tour in die Buchten und Verstecke der Laguna Boca Paila oder nach Vigía Chico vereinbaren. Einige Geschäfte vermieten Ausrüstung für Wassersport (Boote, Surfbretter).

Wer sich selbst im Angeln versuchen möchte: Das *Cuzan Guesthouse* (Calle 77 Nr. 767, Tel. 01983/ 834 03 58, Fax 834 02 92, *www.fly fishmx.com*) mit Restaurant bietet Anfängerkurse und komplette Angeltörns – teuer, aber abenteuerlich.

Vigía Chico

Von Felipe Carrillo Puerto führt eine Piste 55 km in nordöstlicher Richtung durch den dichten Wald von Sian Ka'an mit artenreicher Vogelwelt nach Vigía Chico, einem ehemaligen Fischerdorf an der Bahía de la Ascensión. Reizvoll ist ein Bummel durch das seit dem Hurrikan von 1988 nicht mehr bewohnte Geisterdorf.

Strandbuchten, Natur und Mayatempel

Die Touren sind in der Karte auf dem hinteren Umschlag und im Reiseatlas ab Seite 114 grün markiert

1 VON DER RIVIERA MAYA NACH CHETUMAL

Von Cancún die Riviera Maya entlang nach Chetumal: Schon an der Stadtgrenze von Cancún beginnt der mexikanische Alltag. Schmale Stichstraßen und Schotterwege zweigen von der MEX 307 ab durch Trocken- und Buschwald zu bekannten Badeorten wie verschwiegenen Buchten. In Tulum erreichen Sie eine Tempelstätte in spektakulärer Lage an der Klippenküste. Unweit davon liegt im Dschungel Cobá, einer der größten Stadtstaaten der Maya, noch weit gehend unerforscht und nicht ausgegraben. Und entlang der Straße liegen Mayaruinen versteckt im Busch, bisher auf keiner Karte verzeichnet. Das Biosphärenreservat Sian Ka'an steht unter dem Schutz der Unesco, und in Chetumal ist schließlich der Grenzort zu Belize erreicht. Von Cancún nach Chetumal sind es 375 km, mit Abstecher nach Cobá 100 km mehr.

Geschützt durch ein Korallenriff: Akumal im Süden der Riviera Maya

Mit drei bis vier Übernachtungen in Playa del Carmen, bei Tulum, in Sian Ka'an und an der Laguna Bacalar bei Chetumal kann die Tour durchaus fünf Tage dauern.

Sie verlassen *Cancún (S. 27)* auf der vierspurigen MEX 307 gen Süden, passieren den Flughafen und erreichen nach 35 km *Crococun.* Der 30 000 m² große, private Ökopark umfasst eine Krokodilstation, ein Schlangenrevier sowie Tukane, Papageien, Affen und Rehwild.

Nur 1 km weiter kommen Sie nach *Puerto Morelos,* einst ein kleiner Fischerort, der sich jedoch zunehmend mit größeren Hotels für Pauschalurlauber ausweitet. Das vorgelagerte Korallenriff lockt vor allem Taucher. Ein Strandspaziergang lohnt sich, man entdeckt dabei ruhige Abschnitte mit rustikalen Unterkünften und legeren Strandrestaurants.

13 km nördlich von Playa del Carmen entstand *Tres Ríos (S. 48),* der »natürlichste« der drei Erlebnisparks der Riviera Maya. Es besteht Gelegenheit zu Kanu- und Kajaktouren, und auch Reitpferde stehen bereit. Man kann in einem *cenote* schwimmen und beim nahen Riff tauchen.

Wenig später erreichen Sie *Playa del Carmen (S. 44)*. Hier ist die Auswahl an Unterkünften groß, und die Insel Cozumel kann in einem Tagesausflug besucht werden. 5 km südlich lohnt der Erlebnispark *Xcaret (S. 51)* einen ganztägigen Besuch.

82 km südlich von Cancún wird auch *Pamul* bald ausgebaut sein, da die Schönheit dieser verschwiegenen Bucht mit klarem Wasser und weißem Sandstrand nicht unentdeckt blieb. Derweil finden sich noch einsame und reizvolle Strandabschnitte und ruhiges Wasser. Wer ein paar Tage bleiben will, hat die Wahl zwischen einfachen *cabañas* und Camping.

Puerto Aventuras (S. 48) liegt rund 100 km südlich von Cancún und dehnt sich mit Hotels und Apartmentanlagen schnell aus. Ein 18-Loch-Golfplatz lockt Anhänger des grünen Sports. Ein Spaziergang zum 4 km südlich gelegenen Strand von *Xpu-Há* führt in eine andere Welt: Von dichtem Dschungel umgeben, liegen hier am Nordrand des Copacabana-Hotels die *Villas del Caribe (Tel./Fax 01984/873 21 94, www.xpuhahotel.com, €)* mit Restaurant sowie Yoga- und Meditationszentrum; Meerblick von allen 16 Zimmern.

5 km weiter erstreckt sich in einer vom Korallenriff geschützten Bucht der Schildkrötenstrand von *Akumal*. Es gibt preiswerte Unterkünfte und Restaurants, und die Besucher können Fahrräder und Wassersportausrüstung mieten. Unterkunft im *Club Akumal Caribe (Tel. 01984/875 90 10, Fax 875 90 11, www.hotelakumalcaribe.com, €€)* mit 61 Zimmern in unterschiedlichen Häusern am Strand, zwei Restaurants und Tauchzentrum.

3 km landeinwärts liegen die uralten *Höhlen von Aktun Chen.* Die Grotte stand einst unter Wasser, sodass man Muscheln und Fischfossilien in den Kalksteinwänden entdeckt. Unter Wasser sieht man exotische Gesteinsformationen sowie zahlreiche Stalagmiten und Stalaktiten. 2 km südlich des Abzweigs nach Aktun Chen liegt der Strand *Xcacel* ohne Infrastruktur, der nur das Schildkrötenreservat *Santuario Tortuga Marinera* und einen *cenote* beherbergt. Während der Eiablage sieht man hier Soldaten zu deren Schutz.

120 km südlich von Cancún erreichen Sie den Ökopark *Xel-Ha (S. 51)*. Von dort sind es nur noch 10 km bis zur archäologischen Stätte *Tulum (S. 49)*. Da südlich von Tulum an der Küstenstraße nach Boca Paila diverse Unterkünfte am Strand liegen, lassen sich von dort aus gut die *archäologische Stätte,* die Ruinenstadt *Cobá (S. 47)* und ein Teil des *Biosphärenreservats Sian Ka'an (S. 86)* besuchen.

Landeinwärts führt die MEX 307 am Westrand von Sian Ka'an entlang und über die Kleinstadt *Felipe Carrillo Puerto (S. 86)* nach Chetumal. Dabei verläuft die Straße über 50 km entlang der *Laguna de Bacalar (S. 85)*. Hier finden Sie zur Übernachtung rustikale Lodges in tropischer Umgebung. Von Bacalar sind es dann noch rund 40 km bis zum Grenzort *Chetumal (S. 82)*.

2 VON MÉRIDA NACH CAMPECHE

Zwischen zwei höchst unterschiedlichen, aber gleichermaßen reizvollen Kolonialstädten lie-

Uxmal ist die berühmteste der zahlreichen archäologischen Stätten, die Sie auf dem Weg von Mérida nach Campeche passieren

gen diverse archäologische Stätten der Maya, die verschiedenen Epochen und Stilen zugeordnet werden. Kunstvoll dekorierte Paläste, mehrfach überbaute Tempel und eindrucksvolle Pyramiden können interessierte Besucher mehrere Tage aufhalten, obwohl die Gesamtstrecke nur 200–250 km beträgt, je nach Abstechern. Übernachtungen bieten sich in Uxmal und Campeche an.

Sie verlassen *Mérida (S. 63)* auf der MEX 180 Richtung Südwesten und erreichen nach 16 km *Umán*. Dort lohnt sich ein Blick in die *Pfarrkirche,* ein Prachtstück kolonialer Sakralarchitektur. Wuchtige Mauern, ohne Fenster und durch Pfeiler verstärkt, umgeben einen zentralen Turm.

In Umán zweigt in südlicher Richtung die Straße nach Uxmal ab. Zunächst erreichen Sie *Yaxcopoil*, wo eine prächtige Sisalhacienda in ein *Museum der Henequén-Ära (Mo–Sa 8–18, So 8–13 Uhr)* ver-

wandelt wurde. 100 km² Anbaufläche schufen im 19. Jh. unvorstellbaren Reichtum, den die alten Bauwerke noch immer ausstrahlen.

Fast schnurgerade führt die Straße weiter durch niedrige Buschlandschaft nach *Muna* 60 km südlich von Mérida. Dort befindet sich eine ehrwürdige Missionskirche der Franziskaner, Grund für die Touristenbusse, auf dem Weg nach Uxmal einen Stopp einzulegen. 15 km weiter ist dann *Uxmal (S. 72)* erreicht.

Am nächsten Morgen beginnt eine kleine Rundreise durch die Puuc-Region. 30 km südlich von Uxmal liegt *Kabáh (S. 70)*, in Abständen von jeweils wenigen Kilometern in östlicher Richtung folgen *Sayil (S. 72)*, *Xlapak* und *Labná (S. 70)*, kleinere archäologische Stätten, die die hohe Architektur- und Dekorationskunst der Maya widerspiegeln. Wer sich für koloniale Klöster interessiert, wird der Straße noch 7 km nach Nordosten folgen und in *Oxkutzcab* die 1581–1699 erbaute

Klosterkirche *San Francisco de Asís* besichtigen. Die dazugehörige Hermitage El Pilar liegt auf einem kleinen Hügel. Die Ortschaft ist zentraler Handelsplatz einer landwirtschaftlichen Region, in der alle Arten Früchte und Gemüse produziert werden. Ein Besuch des Markts zeigt die Vielfalt dieses »Gartens von Yucatán«. Auch die Besichtigung der östlich gelegenen Höhle von *Loltún (S. 71)* ist nur hier aus gut möglich.

60 km südlich von Kabáh erreichen Sie die archäologische Stätte *Hopelchén* (»Fünf Brunnen«) an der MEX 261. Der Ort wurde 1622 von den Spaniern gegründet, um die nach Süden geflohenen Maya zu unterwerfen. Die Pfarrkirche *San Antonio de Padua* (1667) besitzt eine reiche barocke Ausstattung und einen viel bewunderten Altaraufsatz *(retablo)*, dekoriert mit Gold und Silber. Die von Maya bewohnte Ortschaft durchzieht ein Kanal, über den hübsche Brücken zu den Häusern führen.

In der Umgebung liegen die archäologischen Stätten *Tohcok, Hochob, Xtampak* und *Dzibilnocac,* deren Gebäude Dekorationen des Chenes- und des Puuc-Stils vereinigen.

Von Hopelchén sind es dann noch 85 km bis *Campeche (S. 75),* sofern Sie nicht noch den 15-km-Abstecher nach *Edzná (S. 79)* machen wollen.

(S. 71)

(S. 75)

(S. 79)

3 DIE ROUTE DER KLÖSTER

»La Ruta de los Conventos« ist eine 250-km-Rundreise südlich von Mérida. Dabei treffen Sie nicht nur auf ein Dutzend Klöster der Franziskaner und auf kolo-niale Prachtbauten des 16. und 17. Jhs., sondern auch auf archäologische Stätten der prähispanischen Zeit und indianische Dörfer mit vielfältiger Folklore. Die Reise lässt sich an einem Tag bewältigen, wie einige Touristenbusse auf der Strecke zeigen, aber das ist keinesfalls empfehlenswert. Man sollte unterwegs übernachten, zum Beispiel bei der archäologischen Stätte Uxmal, und sich zwei bis drei Tage Zeit nehmen.

Südöstlich von Mérida ist nach gut 20 km auf der YUC 18 *Acanceh* erreicht. In der Mitte der kleinen Ortschaft liegt die *Plaza de las Culturas,* so genannt, weil eine präkolumbische Pyramide, eine spanische Kirche aus dem 16. Jh. und moderne Gebäude den Platz umgeben. Die Pyramide mit vier Plattformen und einer breiten Treppe ist recht gut erhalten. Die Franziskanerkirche *Nuestra Señora de la Natividad* besitzt zwei hohe Glockentürme und ein reich ausgestattetes Inneres. Frühmorgens findet auf der Plaza ein Markt statt, auf dem einheimische Bauern ihre Agrarprodukte anbieten. Besucher finden ein buntes Angebot an Kunsthandwerk.

8 km weiter erreichen Sie *Tecoh.* Der *Templo Ex-Convento de la Virgen de la Asunción* ruht auf einem Hügel, unter dem sich möglicherweise eine präkolumbische Pyramide verbirgt. Das einschiffige Gebäude besitzt eine Gewölbedecke, der Chorraum ist von einer Kuppel bedeckt. Die schlichte Fassade wird von zwei dreiteiligen Glockentürmen mit Kuppeln und pyramidenartigen Dekorationen flankiert.

12 km südlich liegt in *Telchaquillo* eine eher bescheidene Franziskanerkirche, deren Fassade farbi-

In den Dörfern des yucatekischen Binnenlands leben noch viele Maya

ge Einlagen (Inkrustationen) mit von Mayahandwerkern gefertigten Natursteinen zeigt.

Ganz in der Nähe von Telchaquillo stoßen Sie auf zwei herausragende Sehenswürdigkeiten: Die *Hacienda Xcanchacán* (1 km westlich) ist im 19. Jh. prächtig ausgestattet worden, der Eingangsbogen und die kunstvoll und aufwändig dekorierte Kapelle zeugen vom damaligen Wohlstand. Das dreistöckige Hauptgebäude wurde vermutlich schon zu Kolonialzeiten errichtet, finden sich in seinen Wänden doch eingebaute Stelen aus dem 1 km südlich gelegenen *Mayapán (S. 71)*.

Über *Tekit* (20 km weiter) mit seiner Klosterkirche *San Antonio de Padua* aus dem 16. Jh. erreichen Sie *Mama*. Die dortige Klosterkirche *Iglesia de la Asunción* der Franziskaner besitzt einen besonders schönen Glockenturm und ein bezauberndes Atrium. Der Eingang ist von fein bearbeiteten Steinen mit floralen Motiven umgeben. Der ein-

schiffige Bau mit Gewölbedecke besitzt in den dicken Kirchenmauern zahlreiche Seitenkapellen mit bemalten Wänden und hölzernen Altären. Das Taufbecken ist aus einem einzigen Stein herausgeschlagen, die Tür zum Chor und die Kanzel sind kunstvoll bemalt.

Im nächsten Ort, *Chumayel,* wurde ein Exemplar des Chilam Balam, der »Bibel der Maya«, gefunden. Es wird in der kleinen Klosterkirche der Franziskaner aus dem 16. Jh. aufbewahrt. Der folgende Ort, *Teabo,* enthält Reste eines Friedhofs der Maya und den spanischen *Templo de San Pablo* (1696) mit einem schönen barocken Altar und kunstvoll geschnitzter Kanzel. Bei *Oxkutzcab* mit seiner schattigen Plaza und buntem Obstmarkt haben Sie dann den südlichsten Punkt der Rundreise erreicht.

Die Rückreise führt über *Ticul* und *Uxmal (S. 72),* wo sich eine Übernachtung anbietet, und weiter über *Muna* und *Umán* nach Mérida.

Unterwasserhöhlen und Korallenriffe

Für Taucher und Schnorchler ist Yucatán ein Traumziel. Daneben locken Strandritte, Dschungeltouren und Golfplätze

Mit seinen prächtigen Stränden vor allem auf der Karibikseite ist Yucatán ein Paradies für Wassersportfreunde. Ob Windsurfen, Segeln, Schwimmen, Schnorcheln oder Tauchen – das Angebot ist riesengroß. Oft bieten die Strandhotels ihren Gästen kostenlose Einführungen ins Surfen und Tauchen. Aber auch an Land gibt es zwischen Golfplatz und Ökopark viel zu unternehmen und zu erleben.

ANGELN

Die Halbinsel Yucatán ist umgeben von der fischreichen Karibik. Da man ein Boot und auch die Ausrüstung benötigt, sind Angler jedoch auf Anbieter angewiesen. In Cancún, Playa del Carmen, Chetumal und Campeche ist das Angebot groß, aber auch in kleineren Strandorten werden Sie fündig.

DSCHUNGELTOUREN & NATUREXKURSIONEN

AMTAVE (Asociación Mexicana de Turismo de Aventura y Ecoturismo)

Pok Ta Pok in Cancún: putten zwischen Resten einer Mayapyramide

ist ein Zusammenschluss rund 50 kleinerer Veranstalter für Natur- und Erlebnisreisen *(Cancún, Av. Camarón 32, Tel. 01998/884 95 80, Fax 884 36 67, www.amtave.com)*. Eine engagierte und zuverlässige Organisation ist *Ecoturismo Yucatán (Mérida, Calle 3 Nr. 235, Tel. 01999/920 27 72, Fax 925 90 47, www.ecoyuc.com)*. Angeboten werden u. a. Dschungeltouren in Kombination mit dem Besuch von archäologischen Stätten, Höhlen und *cenotes.*

GOLF

Angesichts des heißen Klimas stellen 9-Loch-Plätze in Yucatán kein Manko dar, selbst Spieler mit Handicap weichen hier gern auf kleinere Plätze aus. Allein fünf Plätze locken in Cancún und an der Riviera Maya: *Hilton Cancún Golf Club, Hotel Meliá Cancún Golfplatz, Club de Golf Playacar* bei Playa del Carmen, *Golf Puerto Aventuras*. Der *Pok-Ta-Pok-Platz* in Cancún besitzt als Hindernis sogar Reste einer Mayapyramide. Die Hotels reservieren Abschlagzeiten. Eine Broschüre (»Mexico Golf spezial«) hält das Fremdenverkehrsbüro in Frankfurt bereit. Informationen im Internet: *www.travelyucatan.com/cancun-golf.htm* und *www.mexonline.com/golfing.htm*

HÖHLEN- & GROTTEN-TAUCHEN

Die *cenotes* sind so genannte Dolinen (Einbrüche) in der yucatekischen Kalksteindecke, die Zugang zu gefluteten Höhlen, Grotten, Gängen und unterirdischen Flüssen erlauben. Hunderte dieser Dolinen – davon 100 zugänglich – verbinden mehr als 50 Höhlensysteme miteinander – mit insgesamt 400 km Tauchpassagen. Das Tauchen ohne Tageslicht ist erfahrenen Sportlern vorbehalten. Während im Eingangsbereich noch mit jedem gängigen Zertifikat getaucht werden kann, sind Höhlentauchgänge *(cavern dive)* nur mit Spezialausbildung möglich. Außerdem empfiehlt es sich, immer mit professionellen Guides und stets entlang der Führungslinie zu tauchen.

Die beliebtesten Tauchhöhlen sind *Gran Cenote* (5 km westlich von Tulum Richtung Cobá), *Casa Cenote* (10 km nördlich von Tulum Richtung Akumal) und *Dos Ojos* an der MEX 307 bei Akumal. Der Inhaber des Tauchzentrums (mit kleinem Hotel und Restaurant) *Aktún Dive Center (Av. Tulum zwischen Cobá und Escorpión, Tel. 01984/871 23 11, Fax 871 23 12, www.aktundive.com)* am Ortsrand von Tulum, Gunnar Wagner, bietet sowohl Anfängerkurse als auch ausgedehnte Höhlentauchgänge an.

Insider Tipp

Insider Tipp

REITEN

Am Strand oder durch den Dschungel – die im Western Style mit bequemen Sätteln gerittenen Pferde haben eine Engelsgeduld; sie stehen zum Beispiel am Nordstrand von Playa del Carmen. Ein empfehlenswerter Reitstall ist *Rancho Loma Bonita (MEX 307 km 41,5, Tel. 01998/887 54 23, Fax 887 54 65, lomabonita@infosel.net.mx)*. Auch *Tierra Maya Tours (5a Av. zwischen Calle 4 und 6, Tel. 01984/873 13 85, Fax 873 13 86, www.tierramayatours.com)* in Playa del Carmen hat Angebote rund ums Reiten. Auskunft erteilt außerdem die *Secretaría de Turismo (Av. Ruiz Cortines, Plaza Moch-Couoh, Campeche, Tel. 01981/811 92 55, Fax 816 67 67)*.

SCHNORCHELN

Rund um die Halbinsel wird geschnorchelt, besonders gut eignet sich der *Parque Natural Garrafón (www.garrafon.com)* auf der Isla Mujeres, da die Korallen hier nahe am Ufer liegen.

TAUCHEN

Ganzjährige Wassertemperaturen um 26 Grad und eine üppige tropische Unterwasserwelt machen Yucatán zum Lieblingsziel tauchbegeisterter Urlauber. Die Unterwasserflora und -fauna gehören zu den vielseitigsten der Welt, und die vor den Küsten liegenden Korallenriffe sind weitere Pluspunkte. So zieht sich das zweitlängste Korallenriff der Welt über mehr als 1000 km von der Isla Contoy an der Isla Mujeres und Cozumel vorbei und verläuft an der mexikanischen Karibikküste entlang bis Belize und dann weiter bis Guatemala und Honduras. Mit seinen Höhlen, Steilwän-

Cenote in Xel-Ha: Die natürlichen Brunnen eignen sich ideal zum Tauchen

den, Tunneln, Gräben, Überhängen und Atollen ist das Riff, das sich aus unterschiedlichen Einzelriffen zusammensetzt, Heimat von ungezählten tropischen Fischen und seltenen Korallenarten. Besonders schön gestaltet ist das Korallenriff vor Cozumel. Die Insel, deren Tauchgründe schon Jacques Cousteau bekannt machte, ist umgeben vom Palancar-Riff – ein Taucherparadies wie aus dem karibischen Bilderbuch erwartet die Besucher. Die Sichtweite schwankt wegen des hohen Planktonanteils, der den üppigen Wuchs der weichen Korallen und die Vermehrung der Fische fördert, zwischen 20 und 30 m. Abenteuerlich veranlagte Naturen machen sich beim Tauchen auf die Suche nach den ungezählten Schiffswracks, die vor der Küste liegen. Tauchschulen gibt es in allen Badeorten, und einige größere Hotels unterhalten ebenfalls eigene Tauchbasen. Mitunter bieten sie kostenlos so genannten Schnupperunterricht, nämlich das Erlernen grundlegender Fertigkeiten im Hotelpool.

Ein weniger bekanntes und daher nie überlaufenes Tauchrevier ist Chinchorro an der Grenze zu Belize, ein 46 x 15 km großes Korallenriffsystem mit einer inneren Lagune, die drei kleine Inseln mit Schildkröten, Leguanen, Eidechsen und Wasservögeln umfasst; auch Wracktauchen ist hier möglich.

WINDSURFEN & SEGELN

Beide Wassersportarten sind rund um die Yucatán-Halbinsel en vogue. Sowohl auf der Karibikseite an der Riviera Maya als auch am Golf von Mexiko bläst eine beständige Brise. Hat man sein Brett nicht dabei, muss man sich in einem Strandhotel eines mieten, ab der 4-Sterne-Kategorie halten Hotels diese bereit. Über Segelboote verfügen nur die 5-Sterne- und GT-Hotels.

Plantschen unter karibischer Sonne

Schöne Hotels, Traumstrände unter karibischer Sonne und europäische Hygienestandards machen den Urlaub in Yucatán auch für Familien zur Freude

Die Strände der Riviera Maya sind ideal für Kinder. Breit genug zum Sandburgenbauen, mit flachem Meer zum Plantschen, dazu jede Menge All-inclusive-Hotels mit Kinderbetreuung. In den Allegro-Resorts zum Beispiel kümmern sich junge Betreuer rund um die Uhr um den Nachwuchs, laden Kinderpools zum Toben ein und bieten die Restaurants eigene Kindermenüs an. Am sichersten – sehr flach und vor Wind und Wellen geschützt – ist der Strand an der Nordwestseite der Isla Mujeres.

In vielen Anlagen – u. a. auf der Isla Mujeres, in Puerto Aventuras und auf Cozumel – wird auch das Schwimmen mit Delphinen angeboten. Diese Angebote sind jedoch teuer und sollten besser nicht unterstützt werden, da die intelligenten Tiere unter dem Freiheitsentzug leiden. Unter »Swim with Dolphins« verstehen die zahlreichen Anbieter höchst Unterschiedliches vom Herumstehen mit Streicheln (»Interactive Program«) bis zum Ritt auf dem Delphinrücken. Ent-

sprechend bewegen sich die Preise zwischen 40 und 130 US-$ für ca. 30 Minuten. Bei etwas älteren Kindern sehr beliebt und ökologisch unbedenklich sind Kajaktouren, z. B. in den seichten Gewässern und Mangrovenhainen um Campeche.

Aktun Chen Natural Park [117 E4] *(Insider Tipp)*

Die 5 Mio. Jahre alte Höhle zwischen Akumal und Xel-Ha mit zahlreichen Tropfsteinen ist von einem kleinen Naturpark mit Schlangengehege, botanischem Garten, Spinnenaffen und Rehwild umgeben. *Tgl. 9–17 (Juni–Aug. bis 19) Uhr, 22 US-$, Kinder (3–10 Jahre) 12 US-$, www.aktunchen.com, 2 km westlich der MEX 307 4 km südlich von Akumal*

Wasserpark Wet 'n' Wild [117 F2]

Der Wasserpark in Cancún mit Wasserrutschen und diversen Pools ist Teil des riesigen Freizeit- und Vergnügungsparks Parque Nizuc. Dazu wird Schnorcheln mit Rochen und anderen Fischen angeboten. *Tgl. 10–18, Nov.–April 10–17.30 Uhr, 25 US-$, Kinder 19 US-$, www. parquenizuc.com, Paseo Kukulcán km 25 (am südlichen Ende der Hotelzone)*

Die Riviera Maya mit ihren seichten Stränden und ihrem warmen Wasser ist auch eine »Riviera de los Niños«

Angesagt!

Was Sie wissen sollten über Trends, die Szene und Kuriositäten in Yucatán

Telenovelas

»Apuesta por un Amor«, etwa »Liebeseinsatz«, heißt eine der beliebtesten Sendungen in Mexiko, und beinahe jeder verehrt Paty, die Hauptdarstellerin Patricia Manterola. Was auf der Halbinsel Yucatán besonders gut ankommt: Viele Szenen werden in einer Villa in Puerto Aventuras gedreht.

Erlebnisgastronomie

So heißt der neue Trend bei der mexikanischen Schickeria: essen gehen und gleichzeitig Gast bei einer kuriosen oder lustigen Show sein. Im *Panchos* in Mérida begleitet eine »Revolutionsshow« das Abendessen. Und beim Krokodil-burger im *Rainforest Café* in der Hotelzone von Cancún taucht plötzlich aus dem Teich ein großes (Plastik-)Nilpferd auf.

The Healing Game

Es duftet nach Kopal, einem tropischen Harz, Sphärenmusik ertönt, und ein in Weiß gewandeter india-nischer »Heiler« legt dem aus Mexiko-Stadt eingeflogenen Geschäftsmann die Hände auf: Entlang der Riviera Maya boomen esoterische Wellnesseinrichtungen, die sich auf die alte Heilkunst der Maya berufen. Besonders Mexi-kanerinnen und Mexikaner der Mittel- und Oberschicht fahren darauf ab und kommen aus dem ganzen Land hierher gereist, um gesünder und schöner zu werden.

Chaya

In Yucatán erobert es immer mehr Speisekarten: *chaya,* ein spinat-ähnliches Blattgemüse. Man berei-tet es als Getränk *hugo de chaya* zu oder verwendet es als Füllung in Omeletts. Und *huevos con chaya,* Rühreier mit *chaya,* gehören für trendbewusste Mexikaner zum Frühstück. Touristen finden *chaya* gelegentlich auf der Speisekarte der *100-%-Natural*-Restaurants.

Beachpartys in Playa

Playa del Carmen ist unter Mexi-kanern derzeit der heißeste Tipp für coole Nächte. Cliquen junger, schicker Einheimischer finden die dortigen Diskotheken und Kneipen nicht minder hip als die Touristen. Nach dem Dinner zieht man gegen 23 Uhr los. Die Auswahl an Diskos und Bars ist groß. In den frühen Morgenstunden geht es dann meist ins *Capitán Tutix,* eine Bar am Strand; dort trifft sich die Szene.

Von Anreise bis Zoll

Hier finden Sie kurz gefasst die wichtigsten Adressen und Informationen für Ihre Reise nach Yucatán

ANREISE

LTU *(www.ltu.de)* verkehrt von Frankfurt und weiteren deutschen Flughäfen nonstop nach Cancún, Condor von Frankfurt. Die Flugzeit beträgt zehn bis elf Stunden. Lauda Air *(www.laudaair.com)* fliegt von Wien nach Cancún, Swiss *(www.swiss.com)* von Zürich über Dallas nach Cancún. Bei Flug über Mexiko-Stadt, z. B. mit Iberia *(www.iberia.com)*, erfolgt der Weiterflug nach Cancún, Mérida, Chetumal oder Campeche mit Mexicana *(www.mexicana.com)*, Aeroméxico *(www.aeromexico.com)* oder Aeromar *(www.aeromar.com.mx)*.

Ein Retourticket nach Cancún kostet zwischen 800 und 1000 Euro. Preiswerter geht es mit dem Britannia-Charter von London-Gatwick nach Cancún (ab 500 Euro) und mit KLM/Martinair über Amsterdam (ab 600 Euro).

ARCHÄOLOGISCHE STÄTTEN

Die Bauwerke (Pyramiden, Tempel, Paläste …) der archäologischen Stätten werden von Zeit zu Zeit zwecks Restaurierung oder Reparatur abgesperrt und können dann von Besuchern nicht betreten werden. Der Eintritt liegt je nach Bedeutung der Stätte etwa zwischen 3 und 12 Euro.

AUSKUNFT

Mexikanisches Fremdenverkehrsbüro

Taunusanlage 21, 60325 Frankfurt, Tel. 00800/66 66 22 11, Fax 66 66 22 33, germany@visitmexico.com

BANKEN & GELD

Landeswährung ist der mexikanische Peso, dessen Kürzel Peso ($) nicht mit dem US-$ verwechselt werden darf. Weitere Kürzel: mex. $ und M. N. *(moneda nacional)*. In Touristenorten können Sie auch in Dollar bezahlen. Kreditkarten (vor allem Visa) sind weit verbreitet. Wechseln Sie möglichst nicht in Banken (umständlich und langwierig) und Hotels (schlechter Kurs), sondern in den überall vorhandenen (und in Mexiko auch zu empfehlenden) Wechselstuben. Die Zahl der Geldautomaten, an denen man mit der Kreditkarte sowie der ec-Karte Bargeld erhält, nimmt ständig zu.

BUSSE

Busreisen sind selbst in der 1. Klasse sehr preiswert (8–12 Euro pro 100 km). Mehrere private Busgesellschaften verkehren von einem zentralen Busbahnhof bzw. von ihren jeweiligen Terminals in der

€	Mex$	Mex$	€
1	13,06	10	0,77
2	26,11	15	1,15
3	39,17	20	1,53
4	52,22	25	1,91
5	65,28	30	2,30
7	91,39	40	3,06
12	156,66	50	3,83
25	326,39	70	5,36
100	1.305,54	125	9,58

Stadt. In der 1. Klasse gibt es Sitzplatzreservierung, kaufen Sie den Fahrschein *(boleto)* daher bereits am Vortag!

CAMPING

Campingplätze sind oft Plätze für Wohnmobile nach US-Muster *(trailer parks)*. Zeltplätze sind selten, diese findet man am ehesten in Naturschutzgebieten (Liste beim Fremdenverkehrsbüro und in den Informationsbüros in Mérida und Cancún). Freies Camping sollten Sie aus Sicherheitsgründen unterlassen.

DIPLOMATISCHE VERTRETUNGEN

Deutsches Honorarkonsulat
Punta Conoco 36, Cancún, Tel. 01998/884 18 98, Fax 887 12 83

Österreichisches Honorarkonsulat
Cantera 4, Cancún, Tel. 01998/ 884 75 05

Botschaft der Schweiz
Torre Óptima, Paseo de las Palmas 405, Lomas de Chapultepec, México D. F., Tel. 0155/55 20 30 03, Fax 55 20 86 85

EINREISE

Für die Einreise benötigt man einen noch mindestens sechs Monate gültigen Reisepass. Bei der Einreise muss eine ausgefüllte Touristenkarte (beim Reiseveranstalter oder im Flugzeug erhältlich) vorgelegt werden, die Kopie verbleibt im Pass und muss bei der Ausreise wieder abgegeben werden.

EINTRITTSPREISE

Bei den archäologischen Stätten beträgt der Eintritt je nach Größe, Erhaltungsgrad und Bedeutung 2 bis 7 Euro, in einigen Stätten kommt eine »Restaurierungsgebühr« hinzu. In bedeutenden Museen und archäologischen Stätten müssen Sie mit 3–9 Euro Eintritt rechnen. In kleineren Stätten und privaten Museen liegt der Eintritt bei 1,50–3 Euro. Bei Einrichtungen, bei denen der Eintritt deutlich über diesen Richtwerten liegt, haben wir ihn in diesem Band jeweils extra genannt.

FOTOGRAFIEREN

Filme (bis zu maximal zwölf Stück pro Person) bringen Sie besser von zu Hause mit. Die Verwendung eines Blitzes ist in Kirchen und Museen meist nicht gestattet. In archäologischen Stätten ist Videofilmen kostenpflichtig.

GESUNDHEIT

Impfvorschriften bestehen nicht. Tetanus- und Polioschutz sind immer empfehlenswert. Ein gewisses Malariarisiko besteht an der Golfküste. Wer individuell über Land reist, sollte auch an eine Typhus-

und Hepatitisvorsorge denken. Leitungswasser ist außerhalb der großen Hotels von Cancún und Mérida nicht trinkbar. Fleisch sollten Sie nur gut durchgebraten essen. Moctezumas Rache erwischt aber trotz aller Vorsichtsmaßnahmen fast jeden Mexikobesucher. Auslöser sind oft Eiswürfel oder Wasser, das ungewohnte scharfe Essen, ungeschälte Früchte und Salat. Viele europäische Medikamente sind in mexikanischen Apotheken ohne Rezept zu erhalten – und viel preiswerter als zu Hause. In Notfällen hilft das *Hospital Americano (Viento 15, Cancún, Tel. 01998/884 61 33).*

INLANDSFLÜGE

Der Flugpass Mexipass von *Mexicana (Hessenring 32, 64546 Mörfelden-Walldorf, Tel. 06105/20 60 80, Fax 20 60 88, resmex@mexicana. de)* bietet Inlandsflüge in fünf Zonen von 60 bis 150 US-$. Er muss schon in Europa gekauft werden. Von Cancún gibt es Verbindungen zur Isla Mujeres und nach Cozumel, Mérida, Campeche, Palenque, Belize und Tikal (Guatemala). Die erste mexikanische Billigfluglinie Click Mexicana fliegt zwischen Mexiko-Stadt und Yucatán.

INTERNET

www.mexico-travel.com, www.visit mexico.com und *www.mexiko-reise tipps.de* werden vom Tourismusministerium unterhalten. *www.mexi co-yucatan.de* bietet ausgewählte Infos auf Deutsch, ist aber etwas hausbacken und langweilig. Kommerzielle englischsprachige Seiten wie *www.mexonline.com/yucatan. htm* und *www.go2mexico.com* haben viel aufdringliche Werbung.

www.marcopolo.de

Im Internet auf Reisen gehen

Mit über 10 000 Tipps zu den beliebtesten Reisezielen ist MARCO POLO auch im Internet vertreten. Sie wollen nach Paris, auf die Kanaren oder ins australische Outback? Per Mausklick erfahren Sie unter www.marcopolo.de Wissenswertes über Ihr Reiseziel. Zusätzlich zu den Informationen aus den Reiseführern bieten wir Ihnen online:

- das *Reise Journal* mit aktuellen News, Artikeln, Reportagen
- den *Reise Service* mit Routenplaner, Währungsrechner und Compact Guides
- den *Reise Markt* mit Angeboten unserer Partner rund um das Thema Urlaub

Es lohnt sich vorbeizuschauen: Wöchentlich aktualisiert, gibt es immer wieder Neues zu entdecken. Bleiben Sie auf dem Laufenden mit unserem E-Mail-Newsletter, den Sie kostenlos abonnieren können!

Über die Riviera Maya informiert *www.rivieramaya.com.*

INTERNETCAFÉS

– *Campeche: Ciber Chat, Calle 12 (zwischen Calle 59 und 57)*
– *Cozumel: The Crew Office, 5a Av. 201 A (zwischen Calle Salas und 3a Calle), Tel. 01987/869 25 72, the crewoffice@prodigy.net.mx*
– *Mérida: Café La Habana, Calle 59, Ecke 62, Tel. 01999/928 62 02*
– *Tulum: Internetcafé, Zahra Hotel, Camino a Boca Paila km 3,5, Tel. 01877/532 67 37*

JUGENDHERBERGEN

Zu Hostelling Mexico *(www.hostel lingmexico.com)* gehören drei Jugendherbergen in Campeche, Mérida und Valladolid. Außerdem gib es in Cancún, Mérida, Playa del Carmen und Palenque zahlreiche auf Jugendliche zugeschnittene Pensionen und Gästehäuser *(albergue).*

KLIMA & REISEZEIT

Mexikos Regenzeit dauert von Mai bis Oktober, von November bis April ist es in der Regel trocken. An der Karibikseite Yucatáns muss jedoch häufiger mit Regen gerechnet werden als im übrigen Land. Ideale Reisezeit ist der europäische Winter von November bis März, jedoch verzeichnet Yucatán zu Weihnachten und um Ostern viele Besucher aus den USA und Europa. Eine zweite Hochsaison liegt im Juli/August, wenn vermehrt europäische Besucher anreisen. Von Mitte März bis Anfang April, in den Collegeferien, feiern 100 000 junge US-Amerika-

Wetter in Mérida

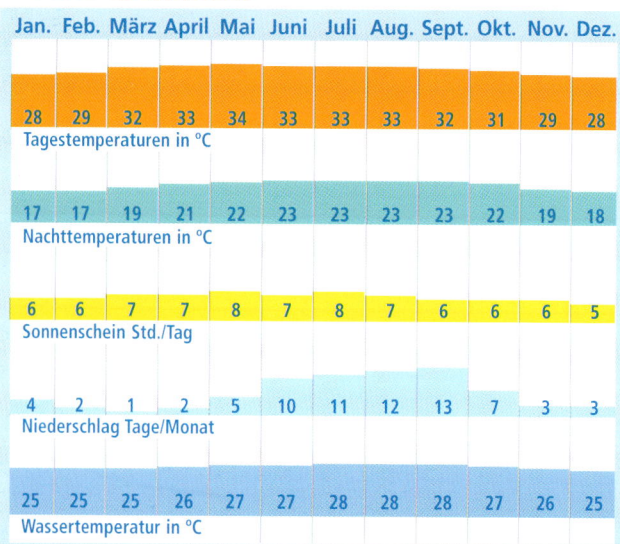

Jan.	Feb.	März	April	Mai	Juni	Juli	Aug.	Sept.	Okt.	Nov.	Dez.
28	29	32	33	34	33	33	33	32	31	29	28
Tagestemperaturen in °C											
17	17	19	21	22	23	23	23	23	22	19	18
Nachttemperaturen in °C											
6	6	7	7	8	7	8	7	6	6	6	5
Sonnenschein Std./Tag											
4	2	1	2	5	10	11	12	13	7	3	3
Niederschlag Tage/Monat											
25	25	25	26	27	27	28	28	28	27	26	25
Wassertemperatur in °C											

ner in Cancún und an der Riviera Maya *spring break,* dann geht es zu wie am Ballermann 6.

MIETWAGEN

Wenn man den Leihwagen bereits zu Hause bucht, wird es oft preiswerter. VW-Käfer sind ab 30 US-$ pro Tag zu haben, VW-Golf ab 50 US-$, ohne Kilometerlimit, jedoch zuzüglich zehn Prozent Steuern und Versicherungsgebühren. Vollkasko (ca. 15–18 US-$ pro Tag) ist unbedingt empfehlenswert. Die Rückführungsgebühr bei Einwegmiete ist unverhältnismäßig hoch. Der nationale Führerschein reicht aus, der internationale erleichtert jedoch die Kommunikation mit Polizisten. Mindestmietalter: 25 Jahre. An Vorschriften und Geschwindigkeitsbeschränkungen hält man sich besser sehr genau, um der Polizei keine Handhabe für ein Eingreifen zu geben.

Eine zuverlässige Firma ist *Buster Rent a Car (www.busterrentacar. com.mx)* mit Stationen in *Cancún (Paseo Kukulcán km 7, Plaza La Hacienda, local 19, Tel. 01988/ 883 05 10), Playa del Carmen (Av. 10 Norte, local 1, zwischen Calle 10 und 15, Tel. 01984/803 77 47)* und *Tulum (Av. Tulum/Calle Jupiter, Tel. 01984/871 27 57).* Angebote für Autovermietungen finden Sie auch unter *www.marcopolo.de.*

Landstraßen heißen oft *libre* im Gegensatz zu *cuota,* den gebührenpflichtigen Autobahnen (100 km ca. 70 Pesos). Vor Ortschaften liegen auf der Straße *topes* (Schwellen), die nicht immer angekündigt werden. Bei Pannen leisten die *Ángeles Verdes (Tel. 01/55 52 50 82 21)* mit ihren grünweißen Fahrzeugen Hilfe.

Was kostet wie viel?

Benzin	**um 0,50 Euro** für einen Liter Normalbenzin
Snack	**1–2 Euro** für einen Taco am Stand
Bier	**1,70–2,50 Euro** für eine Flasche *cerveza*
Souvenir	**ab 25 Euro** für eine Hängematte
Kaffee	**1–1,50 Euro** für einen *café americano*
Busfahrt	**8–12 Euro** für 100 km in der 1. Klasse

NOTRUF

Nottelefon für Touristen gebührenfrei im gesamten Land *01800/ 903 92 00;* allgemeiner Notruf *Tel. 066*

ÖFFNUNGSZEITEN

Die Öffnungszeiten in Mexiko variieren stark, jedoch macht man überall eine Mittagspause von etwa 13 bis 16 Uhr. Geschäfte haben in Touristenorten abends lange auf, Museen sind montags gewöhnlich geschlossen.

POST

Die Post *(Mo–Fr 9–18 Uhr)* heißt in Mexiko *correo,* eine Postkarte nach Europa kostet mit Luftpost *(por avión)* 13,50 Pesos Porto und ist in die Heimat rund zwei Wochen unterwegs.

SICHERHEIT

Yucatán ist ein sicheres Reisegebiet. Lediglich die Nachtbusverbindung von Mérida nach Palenque war lange Zeit berüchtigt für Raub, Diebstahl und Überfälle. Inzwischen sind die Vorfälle seltener geworden. Man muss jedoch weiterhin aufpassen und nimmt lieber den 1.-Klasse-Bus tagsüber statt den 2.-Klasse-Bus in der Nacht. Taschendiebstähle erfolgen meist im Gedränge, also an der Bushaltestelle, beim Einsteigen und im vollen Bus, auf Märkten und Plätzen sowie bei Veranstaltungen mit vielen Besuchern. Auch abgelegene, sehr einsame Strände sollten Sie besser meiden. Straßenraub ist äußerst selten und passiert allenfalls in Chetumal. Diebstähle werden vornehmlich von den Stränden in Playa del Carmen und südlich von Tulum gemeldet. Bei ernsthaften Beschwerden können Sie sich an den *staatlichen Touristenanwalt (Tel. 01998/844 26 34)* in Cancún wenden.

STROM

Die Netzspannung beträgt 110 bis 125 Volt, US-Flachstecker; Adapter sind erforderlich.

TAXI

Es gibt keine Taxameter, der Fahrpreis ist vorher auszuhandeln, falls es keine Tafel mit den Einheitspreisen gibt. Vom Flughafen in die Stadt nehmen Sie am besten die gelbweißen Flughafentaxis *(transporte terrestre)*. Taxis sind außer in Cancún preiswert, wenn man nach einheimischem Tarif bezahlt. Man fragt daher im Hotel nach dem ungefähren Fahrpreis.

TELEFON & HANDY

Mexiko hat die Vorwahl 0052, dann folgt die Ortsvorwahl ohne die 01. Man telefoniert mit Telefonkarten (30, 50, 100 Pesos) von Telefonzellen, auch ins Ausland (Vorwahl Deutschland 0049, Österreich 0043, Schweiz 0041). Eine Minute kostet 20 Pesos, Abbuchung erfolgt in 20-Peso-Schritten. Bei Telefonaten vom Hotel kommt zu den hohen Gebühren noch eine Luxussteuer hinzu. Europäische Mobiltelefone funktionieren in Yucatán nur, wenn man ein Tribandgerät benutzt.

TRINKGELD

Die Bediensteten rechnen mit zehn bis 15 Prozent Trinkgeld *(propina),* ihre Entlohnung ist entsprechend niedrig. In Cancún werden jedoch zur Restaurantrechnung in der Regel bereits 15 Prozent *propina* addiert. Taxifahrer erwarten kein Trinkgeld, man rundet jedoch geringfügig auf. Für den Transport des Gepäcks gibt man im Flughafen und Hotel 4 Pesos pro Stück. Das Zimmermädchen erhält 5 Pesos pro Nacht.

ZEIT

MEZ minus sieben Stunden. Mexikos Sommerzeit dauert vom ersten Aprilsonntag bis zum letzten Oktobersonntag.

ZOLL

Bei der Einreise sind u. a. 400 Zigaretten und 3 l Alkohol zollfrei, bei der Rückkehr in die EU u. a. 1 l Spirituosen, 200 Zigaretten und sonstige Waren bis zu einem Wert von 175 Euro.

¿Hablas español?

»Sprichst du Spanisch?«
Dieser Sprachführer hilft Ihnen, die wichtigsten
Wörter und Sätze auf Spanisch zu sagen

Zur Erleichterung der Aussprache:

c	vor »e, i« stimmloser Lispellaut, stärker als engl. »th«. Bsp.: gracias
ch	stimmloses deutsches »tsch« wie in »tschüss«
g	vor »e, i« wie deutsches »ch« in »Bach«
gue, gui/que, qui	das »u« ist immer stumm, wie deutsches »g«/»k«
j	immer wie deutsches »ch« in »Bach«
ll, y	wie deutsches »j« zwischen Vokalen. Bsp.: Mallorca
ñ	wie »gn« in »Champagner«

AUF EINEN BLICK

Ja./Nein.	Sí./No.
Vielleicht.	Quizás./Tal vez.
In Ordnung!/Einverstanden!	¡De acuerdo!/¡Está bien!
Bitte./Danke.	Por favor./Gracias.
Vielen Dank.	Muchas gracias.
Gern geschehen.	De nada.
Entschuldigung!	¡Perdón!
Wie bitte?	¿Cómo (dice/dices)?
Ich verstehe Sie/dich nicht.	No le/la/te entiendo.
Ich spreche nur wenig Spanisch.	Hablo sólo un poco de español.
Können Sie mir bitte helfen?	¿Puede usted ayudarme, por favor?
Ich möchte/würde gerne …	Quiero …/Quisiera …
Das gefällt mir (nicht).	(No) me gusta.
Haben Sie …?	¿Tiene usted …?
Wie viel kostet es?	¿Cuánto cuesta?
Wie viel Uhr ist es?	¿Qué hora es?

KENNENLERNEN

Guten Morgen/Tag!	¡Buenos días!
Guten Tag!	¡Buenas tardes! *(nachmittags)*
Guten Abend!	¡Buenas tardes!
Gute Nacht!	¡Buenas noches!

Hallo! Wie geht's?	¡Hola! ¿Qué tal?
Ich heiße …	Me llamo …
Ich komme aus …	Soy de …
Wie ist Ihr Name, bitte?	¿Cómo se llama usted, por favor?
Wie geht es Ihnen/dir?	¿Cómo está usted?/¿Qué tal?
Danke. Und Ihnen/dir?	Bien, gracias. ¿Y usted/tú?
Auf Wiedersehen!	¡Adiós!
Tschüss!	¡Adiós!
Bis bald!/Bis später!	¡Hasta pronto!/¡Hasta luego!
Bis morgen!	¡Hasta mañana!

UNTERWEGS

Auskunft

links/rechts	a la izquierda/a la derecha
geradeaus	derecho
nah/weit	cerca/lejos
Wie weit ist das?	¿A qué distancia está?
Ich möchte … mieten.	Quiero alquilar …
… ein Auto …	… un carro.
… ein Boot …	… una barca/un bote/ un barco.
Bitte, wo ist …	Perdón, ¿dónde está …
… der Bahnhof?	… la estación (de trenes)?
… der Busbahnhof?	… la estación de autobuses/el terminal?
… der Hafen?	… el puerto?
… der Flughafen?	… el aeropuerto?
Zum … Hotel.	Al hotel …

Tankstelle

Wo ist bitte die nächste Tankstelle?	¿Dónde está la estación de gasolina/ la gasolinera más cercana, por favor?
Ich möchte … Liter …	Quiero … litros de …
… Normalbenzin.	… gasolina normal.
… Super./… Diesel.	… súper./… diesel.
… Bleifrei.	… gasolina magna.
… mit … Oktan.	… de … octanos.
Voll tanken, bitte.	Lleno, por favor.

Unfall

Hilfe!	¡Ayuda!/¡Socorro!
Achtung!	¡Atención!
Rufen Sie bitte schnell …	Por favor, llame enseguida …
… einen Krankenwagen.	… una ambulancia.
… die Polizei.	… a la policía.
… die Feuerwehr.	… a los bomberos.

Es war meine Schuld.	Ha sido por mi culpa.
Es war Ihre Schuld.	Ha sido por su culpa.
Geben Sie mir bitte Ihren Namen und Ihre Anschrift.	¡Por favor, déme su nombre y dirección!

ESSEN & TRINKEN/EINKAUFEN

Wo gibt es hier …	¿Dónde hay por aquí cerca …
… ein gutes Restaurant?	… un buen restaurante?
… ein nicht zu teures Restaurant?	… un restaurante no demasiado caro?
Auf Ihr Wohl!	¡Salud!
Bezahlen, bitte.	¡La cuenta, por favor!
Reservieren Sie uns bitte für heute Abend einen Tisch für vier Personen.	¡Por favor, resérvenos para esta noche una mesa para cuatro personas!
Die Speisekarte, bitte.	¡El menú, por favor!
Ich nehme …	Quisiera …/Tráigame …
… einen Espresso	… un café solo
… einen Milchkaffee	… un café con leche
… einen Tee	… un té
… mit Zucker/Milch/Zitrone	… con azúcar/leche/limón
… einen (Orangen-)Saft	… un jugo (de naranja)
… ein Bier	… una cerveza
… ein Mineralwasser	… un agua mineral
… mit/ohne Kohlensäure	… con/sin gas
… mit/ohne Eis	… con/sin hielo
… einen Weißwein	… un vino blanco
… einen Rotwein	… un vino tinto
Frühstück	desayuno
Mittagessen	almuerzo
Abendessen	cena
Fisch	pescado
Fleisch	carne
Geflügel	aves
Salat	ensalada
Suppe	sopa
Dessert	postre
vegetarisch	vegetariano
Messer	cuchillo
Gabel	tenedor
Löffel	cuchara
Wo finde ich …	Por favor, ¿dónde hay …
… eine Apotheke?	… una farmacia?
… eine Bäckerei?	… una panadería?
… ein Lebensmittelgeschäft?	… un almacén?
… den Markt?	… el mercado?

ÜBERNACHTEN

Entschuldigung, können Sie mir bitte … empfehlen?	Perdón, señor/señora/señorita. ¿Podría usted recomendarme …
… ein Hotel …	… un hotel?
… eine Pension …	… una pensión?
Ich habe ein Zimmer reserviert.	He reservado una habitación.
Haben Sie noch …	¿Tienen ustedes …
… ein Einzelzimmer?	… una habitación individual?
… ein Zweibettzimmer?	… una habitación doble?
… mit Dusche/Bad?	… con ducha/baño?
… für eine Nacht?	… para una noche?
… für eine Woche?	… para una semana?
Was kostet das Zimmer mit …	¿Cuánto cuesta la habitación con …
… Frühstück?	… desayuno?
… Halbpension?	… media pensión?

PRAKTISCHE INFORMATIONEN

Arzt

Können Sie mir einen guten Arzt empfehlen?	¿Puede usted recomendarme un buen médico?
Ich habe …	Tengo …
… Durchfall.	… diarrea.
… Fieber.	… fiebre.
… Kopfschmerzen.	… dolor de cabeza.
… Zahnschmerzen.	… dolor de muelas.

Bank

Wo ist hier bitte …	Por favor, ¿dónde hay por aquí …
… eine Bank/… eine Wechselstube?	… un banco?/una oficina de cambio?
Ich möchte … Euro in Pesos wechseln.	Quiero cambiar … euros en pesos.

ZAHLEN

1	un, uno, una	10	diez	20	veinte
2	dos	11	once	21	veintiuno, -a, veintiún
3	tres	12	doce		
4	cuatro	13	trece	50	cincuenta
5	cinco	14	catorce	100	cien, ciento
6	seis	15	quince		
7	siete	16	dieciséis	1000	mil
8	ocho	17	diecisiete	10 000	diez mil
9	nueve	18	dieciocho	1/2	medio
		19	diecinueve	1/4	un cuarto

Reiseatlas Yucatán

Die Seiteneinteilung für den Reiseatlas finden Sie auf dem hinteren Umschlag dieses Reiseführers

Mit freundlicher Unterstützung von

kein urlaub ohne

holiday autos

www.holidayautos.com

Motorway
Autobahn
Autoroute
Autostrada
Autopista

Highway sealed • unsealed
Fernverkehrsstraße befestigt • unbefestigt
Grande route de transit stabilisée • non stabilisée
Strada di transito con pavimentazione • senza pavimentazione
Autovia pavimentado • sin pavimentar

Important main road sealed • unsealed
Wichtige Hauptstraße befestigt • unbefestigt
Route de comm. importante stabilisée • non stabilisée
Strada di interesse regionale con pavimentazione • senza pavimentazione
Carretera general importante pavimentado • sin pavimentar

Main road sealed • unsealed
Hauptstraße befestigt • unbefestigt
Route principale stabilisée • non stabilisée
Strada principale con pavimentazione • senza pavimentazione
Carretera principal pavimentado • sin pavimentar

Secondary road sealed • unsealed
Nebenstraße befestigt • unbefestigt
Route secondaire stabilisée • non stabilisée
Strada secondaria con pavimentazione • senza pavimentazione
Carretera secundaria pavimentado • sin pavimentar

Carriage way
Fahrweg
Chemin carrossable
Strada carrozzabile
Camino vecinal

Path
Pfad
Sentier
Sentiero
Sendero

24
Distance in km
Entfernung in km
Distance en km
Distanze in km
Distancia in kms

Castle • Temple
Burg • Tempel
Château • Temple
Castello • Tempio
Castillo • Templo

Monument • Lighthouse
Denkmal • Leuchtturm
Monument • Phare
Monumento • Faro
Monumento • Faro

3819
△
35
•
Altitude in m • Cave
Höhe in m • Höhle
Altitude en m • Grotte
Altitudine in m • Grotta
Altura en m • Cueva

Int. Airport • Airfield
Int. Flughafen • Flugplatz
Aéroport int. • Aerodrome
Aeroporto int. • Aerodromo
Aeropuerto int. • Aerodromo

Point of interest • Ancient site
Sehenswürdigkeit • Antike Stätte
Curiosité • Site antique
Curiosità • Luogo antico
Curiosidad • Ruinas

Nature preserve
Naturreservat
Réserve naturelle
Riserva naturale
Reserva natural

Bird sanctuary
Vogelschutzgebiet
Zone de protection des oiseaux
Protettorato ornitologico
Zone de protección ornitológica

Excursions & tours
Ausflüge & Touren
Excursions & tours
Gite & escursioni
Excursiones & rutas

National park (marine)
Nationalpark (marin)
Parc national (marin)
Parco nazionale (marino)
Parque nacional (marino)

Viewpoint • Camping site
Aussichtspunkt • Campingplatz
Vue panoramique • Terrain de camping
Panorama • Campeggio
Vista panorámica • Camping

Beach
Strand
Plage
Spiaggia
Playa

Petrol station
Tankstelle
Station essence
Stazione di rifornimento
Estación de servicio

Fishing • Scuba diving
Fischen • Sporttauchen
Pêche • Sous-marine plongée
Pesca • Sportsubacqueo
Pesca • Submarinismo

Cave (submarine) • Harbour
Höhle (unterseeisch) • Hafen
Grotte (sous-marine) • Port
Grotta (sottomarina) • Porto
Cueva (submarina) • Puerto

Water skiing • Snorkelling
Wasserski • Schnorcheln
Ski nautique • Plongée (tuba)
Sci nautico • Sportsottomarina
Esquí acuático • Buceo

Shipwreck • Waterfall
Schiffswrack • Wasserfall
Epave de bateau • Cascade
Relitto di nave • Cascata
Barco naufragado • Cascada

Windsurfing • Surfing
Windsurfen • Wellenreiten
Planche à voile • Surfing
Surfing • Acquaplano
Windsurf • Surf

Parasailing
Paragleiten
Parasailing
Parasailing
Parapente

Yachting
Segelsport
Centre de voile
Sport velico
Deporte de vela

Car ferry
Autofähre
Bac à voitures
Traghetto per auto
Transbordador

Reef
Riff
Recif
Banco
Arrecife

Mangrove
Mangroven
Manglier
Mangrovia
Manglar

Swamp
Sumpf
Marais
Palude
Ciénaga

113

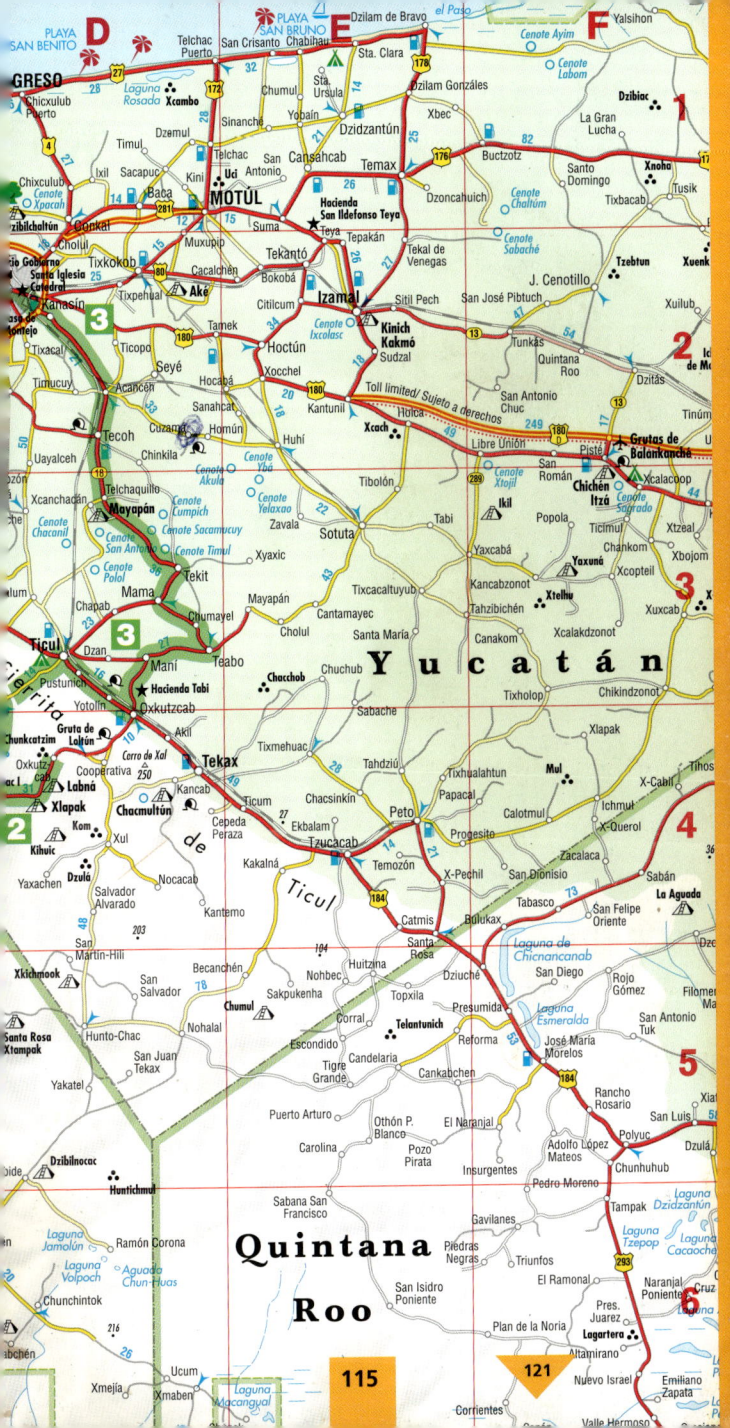

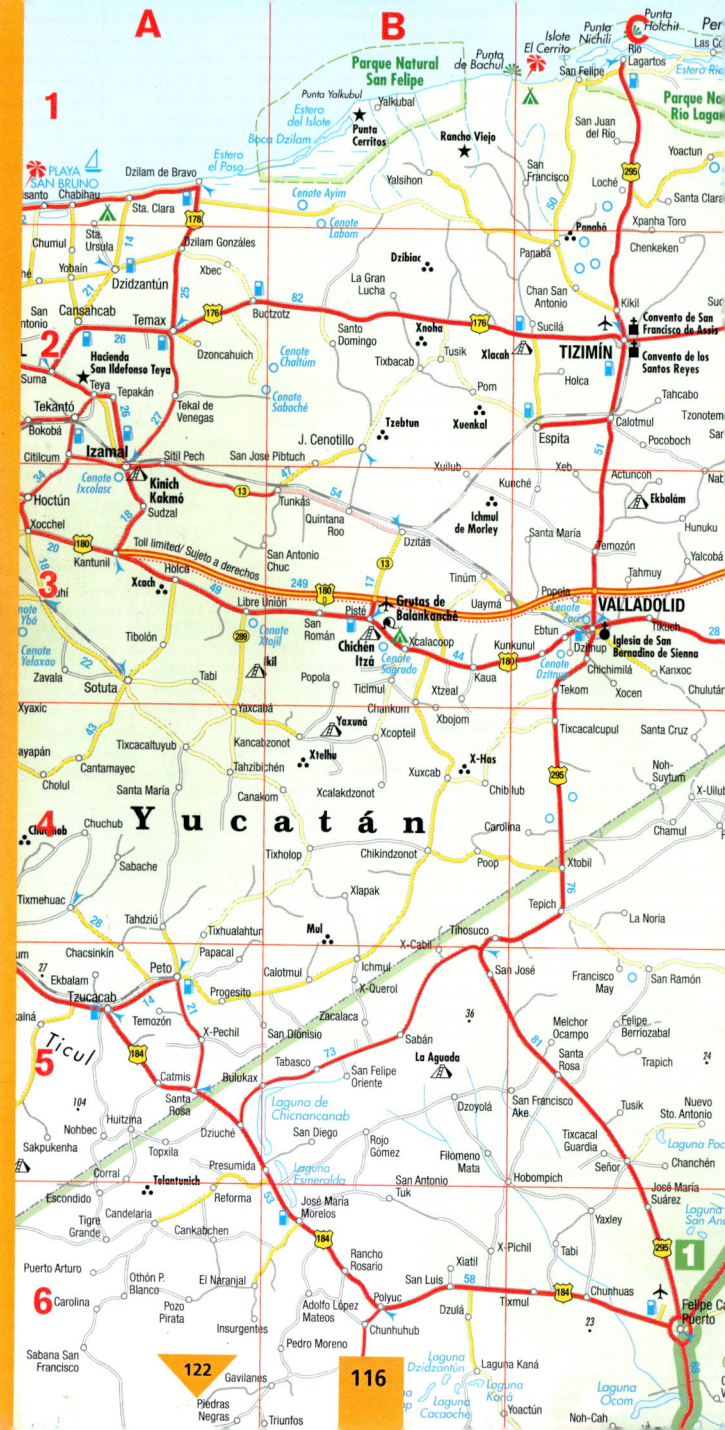

A

20 km
10 mi

© Berndtson & Berndtson GmbH, Fürstenfeldbruck

B

Bahí

de Camp

2

Punta Xicalango

Emiliano Zapata
Nuevo Campechito
Nuevo Centla
La Victoria
La Estrella
Nuevo Progreso

San Antonio Cárdenas
Atasta
Cerillos
Xicalango
Pto. Rico
Aguacatal
Zacat

El Bosque

Centla
Miramar
Benito Juárez
Gdor. Cruz
Jalapita
Vicente Guerrero
Francisco I. Madero
Cuauhtémoc
Santa Cruz
San José
El Espino

Frontera
de la Biósfera

San Pedro y San Pablo
San Isidro
Tres Brazos
Chichicastle 1a. Secc.
Chichicastle 2a. Secc.
José María Pino Suárez

Laguna Colorada
Laguna Pom
Laguna Atasta
Laguna Carlos
Laguna Del Corte

Santa Isabel
Laguna Caño Grande
Palizada
Ribera Borbaton
Laguna Palmasola

Reserva

Laguna Santa Anita
Laguna Tinto
Laguna Juliva
Laguna Cantemual

Guaytalpa
Oxiacaque
Nacajuca
Jalupa
Lagartera
Dos Ceibas
Parque de la Venta
VILLAHERMOSA
Miguel Hidalgo
Museo Regional de Antropología
Tabasco 2000

Tamulte de las Sabanas
Maculetepec

Aztlán 1a. Secc.

Pantanos
del Viento
Usumacinta

de Centla

Laguna El Viento
Laguna Chichicaste

Laguna Concepción
Laguna Jaguacte
Laguna Chilapa

T a b a s c o

San Joaquín
Jonuta
Santa Elena

Isla del Chinal

La Cruz
Tierra Colorada
José Colomo
Monte Grande
Cocoyolar

Federico Alvarez

Guarinal
Subteniente García
Torno Largo
Manero
Benito Gonzáles
Morelos
Ciudad Pemex
Laguna Guerrero
Laguna La Sombra
Laguna El Tinto

Cuyo Obregón
Tecolpan

Benito Juárez
La Huasteca
Francisco Santamaría
S. Miguel Afuera
Belén
Aquiles Serdán
Tepetitán
Corralillo
Loma Bonita
El Paraíso

Laguna Bayo

Macuspana
Laguna Catazajá
Playas de Catazajá

Andrés Quintana Roo
Jalapa
Tertuguero
Gregorio Méndez
Limbano Blandín
V. Carranza
Jaboncillo

Laguna Sortal
Puxcatán
San Vicente

Juan Aldama
Guanal
Co. El Tertuguero
Las Palomas
Buenavista
Bajadas Grandes
La Calzada
La Unión

Tacotalpa
Est. Macuspana
Teapa
V. Guerrero
Lomas Alegres
Paso Monos
Paso Chinal
Salto de Agua
Pakalná
Palenque Santo Domin

Co. Cocatal 570
Sierra Puana
Tapijualpa
Campanario
Co. Norte 1172
Parque Nacional Palenque
Palenque
Camping Mayabell

Soluscuchiápa
Raya Zaragoza
El Limar
Tiemopa
Misol-Ha Cascades
Parque Natural Misol-Ha

Amatán
Oxolotán
Sierra Nava
Cordón Sumidero
El Toro
Santa María

Chia

Tapilula
Rayón
Rincón Chamula
Tila
Tila
Sabanilla
Tumbalá
J.M. Morelos
Agua Azul Cascades

Pueblo Nuevo Jolistahucán
Simojovel de Allende
Huitiupán
El Puntito
Jolja
2470
Yajalón
Campo Grande
Tzinteel
Pamalhá

Jitotol de Zaragoza
El Bosque
Chilón
Tlamaltza

118

El Zapote
San Enrique
San Jorge
Pixtún
Adolfo Lóp
Mate

Punta Xanché
Punta Xochen
Chencán
José María
Morelos y Pavón
Carri

1

Punta Conchec
Huayahaca
Reforma Agraria
El Holay

Santa Rosalía
Sabancuy
Aquiles
Serdán

PLAYA
NIXCHE
Sabancuy
Santa María
Pixoyal

Península
El Palmar
Tixchel
San Bartolo
Ignacio Gutiérrez
Revolución

Laguna
Tunal
Laguna
el Cuadro

Calax
Chekubul
Oxcabal
Graciano
Sánchez
Cinc
Febr

Isla de
Aguada
Isla
Cañón
Plan de Ayala
Miguel
Colorad

Isla
Carmen
Puerto Real
Nicolás Bravo
Chicbul

2

Punta
Bardot
Punta
Gorda
Punta de Piedra
Abelardo
L. Rodríguez

El Fénix Ranch
(Alligator hatchery)
La Cristalína
La Jerónima

AD
CARMEN
Laguna
de Términos
Dieciocho de
Marzo
Pte. Díaz
Ordáz
23
Escárcega

San
Isidro
Nuevo
Progreso Dos
Matamoros

Bella
Palizada
División
del Norte

Fco. Villa
Victoria
Haro
El Cala

Chontalpa

C a m p e c h e

3

San José
Coyoc
El Encanto
Felipe
Ángeles
Don Samuel

La Carreta
El Corral
Las Conchas
Pablo
Torres Burgos

El
Corchal
Ojo de
Agua
Benito
Juárez
Nueva
Lucha
Luna
Nueva
Rosita
Nueva
Santa Lucía

La Reina
Buenavista
Salto
Ahogado
Miguel Alemán
Laguna
la Olla

El Aguacatel
Vicente
Guerrero
Salto
Grande
Candelaria
El Pedregal

Santa
Cruz
La Florida
Conquista
Campesina
Venustiano
Carranza
San Enrique
El Tigre
La Pangosa

El Trébol
Paraíso Nuevo
Pablo García
Monclova
Nueva
Esmeralda

Cuauhtémoc
Estado de
México
La Esperanza
Laguna Lo
Campones

La Hulería
El Naranjo
Pedro Barrandas
Justo Sierra Mende

4

San Elpidio
Lázaro
Cárdenas
Laguna
Tigre

Villa El
Triunfo
El Piche
El Torro
Flor de Chiapas

Midal
Nueva
Coahuila
Las Tortugas

Santa Rosa
La Cuchilla
El Destino

Balancán
La Pita
Tiradero

Moral
San
Pedro
Balancán-Tenosique
Stockbreeding
Complex
Laguna
del Tigre

5

Pobilcus
Netzahualcóyotl
Bari
El
Ramonal

La
Libertad
Arenitas
Multe
El Aguila
La
Revancha

Aldama
El Tulipán
Estapilla
Mactún
Los
Cuyos
Pozo Xan 1
Santa Amelia

Laguna
Grande
Usumacinta
Jalachero

Gregório
Méndez
Pomoná
Tenosique
33
La Palma

Reforma
Chinikihá
Benito
Juárez
Pozo
Mactún

Lindavista
Mateos
Santo
Tomás
El
Pedregal
El Progreso
El Naranjo
La Florida
Mactún

6

Río
Chancalá
San
Francisco
Ocultún

Crucero
Piñal
Salto
Usumacinta
El Porvenir
Piedras Negras
Laguna
El Repasto

Damasco
Nuevo
Canán
Yalpina

Nuevo
Jerusalén
Busiljá
El Cayo

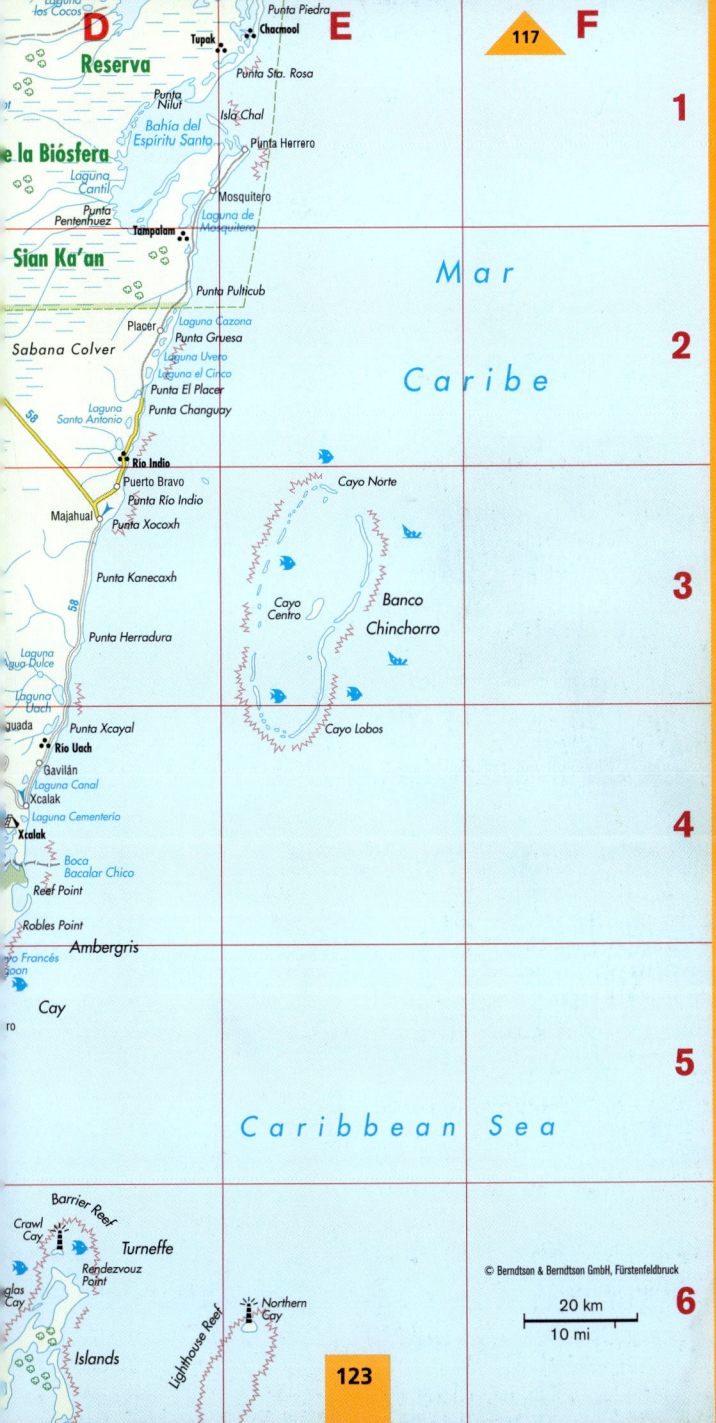

Laguna
los Cocos
Punta Piedra
Tupak
Chacmool
Reserva
Punta
Nilut
Punta Sta. Rosa
Isla Chal
Bahía del
Espíritu Santo
de la Biósfera
Punta Herrero
Laguna
Cantil
Mosquitero
Punta
Pentenhuez
Laguna de
Mosquitero
Tampalam
Sian Ka'an
Punta Pulticub

Mar

Caribe

Placer
Laguna Cazona
Punta Gruesa
Sabana Colver
Laguna Uvero
Laguna el Cinco
Punta El Placer
58
Laguna
Santo Antonio
Punta Changuay

Río Indio
Puerto Bravo
Punta Río Indio
Majahual
Punta Xocoxh
Cayo Norte

Punta Kanecaxh

58

Cayo
Centro
**Banco
Chinchorro**

Punta Herradura

Laguna
Agua Dulce
Laguna
Uach
Cayo Lobos
Punta Xcayal
guada
Río Uach
Gavilán
Laguna Canal
Xcalak
Laguna Cementerio
Xcalak
Boca
Bacalar Chico
Reef Point

Robles Point
Ambergris
yo Francés
oon
ro
Cay

Caribbean Sea

Barrier Reef
Crawl
Cay
Turneffe
Rendezvouz
Point
glas
Cay
Lighthouse Reef
Northern
Cay
© Berndtson & Berndtson GmbH, Fürstenfeldbruck

20 km
10 mi
6

Islands

2

3

4

5

mehr sehen schon vor dem urlaub:
hier zeigen wir ihnen alle vorteile von
holiday autos.

als weltgrößter vermittler von ferienmietwagen
bieten wir ihnen mietwagen in über 80 urlaubsländern
zu äußerst attraktiven alles inklusive preisen.
und wenn wir von „alles inklusive" reden, dann meinen
wir das auch so. denn im preis von holiday autos
ist wirklich alles inbegriffen:

- vollkaskoversicherung ohne selbstbeteiligung
  im schadensfall
- kfz-diebstahlversicherung ohne selbstbeteiligung
- erhöhte haftpflichtdeckungssumme
- unbegrenzte kilometer
- alle lokalen steuern
- flughafenbereitstellung
- flughafengebühren

buchen sie gleich in ihrem reisebüro,
unter www.holidayautos.de oder
telefonisch unter 0180 5 17 91 91 (12 ct/min)

kein urlaub ohne

holiday
autos

Hier finden Sie alle in diesem Reiseführer erwähnten Orte, Ausflugsziele, Strände und archäologischen Stätten. Halbfette Seitenzahlen verweisen auf den Haupteintrag, kursive auf ein Foto.

Schreiben Sie uns!

Liebe Leserin, lieber Leser,

wir setzen alles daran, Ihnen möglichst aktuelle Informationen mit auf die Reise zu geben. Dennoch schleichen sich manchmal Fehler ein – trotz gründlicher Recherche unserer Autoren/innen. Sie haben sicherlich Verständnis, dass der Verlag dafür keine Haftung übernehmen kann. Wir freuen uns aber, wenn Sie uns schreiben.

Senden Sie Ihre Post an die MARCO POLO Redaktion, MAIRDUMONT, Postfach 31 51, 73751 Ostfildern, info@marcopolo.de

Impressum

Titelbild: Mayafestung Tulum (HB Verlag: Maeritz)
Fotos: A. M. Gross (U. l., 59, 74, 75); R. Hackenberg (2 u., 20, 24, 36, 93);
HB-Verlag (52, 70); HB Verlag: Maeritz (25, 111); R. Irek (76, 79);
laif: Tophoven (4, 5 l., 6, 9, 11, 16, 22, 53, 54, 57, 60, 62, 67, 81, 87, 100); V. Radke (34);
Silvestris: Stadler (U. r.); O. Stadler (U. M., 1, 2 o., 5 r., 12, 18, 39, 43, 45, 46, 64, 88, 91, 97);
White Star: Gumm (7, 15, 26, 27, 28, 30, 33, 40, 48, 51, 94, 98)

3., aktualisierte Auflage 2006 © MAIRDUMONT, Ostfildern
Herausgeber: Ferdinand Ranft, Chefredakteurin: Marion Zorn
Redaktion: Nikolai Michaelis, Bildredaktion: Gabriele Forst
Kartografie Reiseatlas: © Berndtson & Berndtson GmbH, Fürstenfeldbruck
Vermarktung: MAIRDUMONT MEDIA, media@mairdumont.com
Gestaltung: red.sign, Stuttgart
Sprachführer: in Zusammenarbeit mit Ernst Klett Sprachen GmbH, Stuttgart, Redaktion PONS Wörterbücher
Das Werk einschließlich aller seiner Teile ist urheberrechtlich geschützt. Jede urheberrechtsrelevante
Verwertung ist ohne Zustimmung des Verlages unzulässig und strafbar. Das gilt insbesondere
für Vervielfältigungen, Übersetzungen, Nachahmungen, Mikroverfilmungen und die Einspeicherung
und Verarbeitung in elektronischen Systemen.
Printed in Germany. Gedruckt auf 100% chlorfrei gebleichtem Papier

Bloß nicht!

Auch in Yucatán gibt es – wie in allen Reisegebieten – Dinge, die man besser meidet

Sich Aufregen

Bleiben Sie stets ruhig und gelassen; selbst bei kleineren Betrügereien – etwa, wenn die Rechnung falsch addiert wurde – bewahrt man Haltung. Wenige Worte in Spanisch helfen übrigens wesentlich eher weiter als ein englischer Wortschwall.

Badeverbot missachten

Unbedingt respektieren sollten Sie Tafeln, die auf gefährliche Strömungen hinweisen. In Cancún zeigen Flaggen an, ob die Karibik zu unruhig zum Schwimmen ist: Bei Rot darf man unter keinen Umständen ins Wasser gehen.

Pyramiden in der Mittagshitze

Urlauber tun gut daran, ihre Aktivitäten zur heißesten Tageszeit zurückzuschrauben. Wenn Sie sich auf einem Ausflug befinden: viel Trinken und einen Sonnenhut tragen! Es ist immer besser, auf Pyramiden am Morgen oder späten Nachmittag zu klettern. Die Bauwerke sind ungewöhnlich steil, und beim Hinabsteigen wird einem schnell schwindelig.

Kindern Geld geben

Immer wieder trifft man auf Kinder, die Kaugummis und Zeitungen verkaufen, Freundschaftsbändchen flechten und Schuhe putzen wollen. Lehnen Sie die Angebote freundlich, aber unmissverständlich ab: Haben die Kinder nämlich Erfolg und verkaufen sie etwas, gehen sie schon bald nicht mehr zur Schule, sondern treiben sich den ganzen Tag in den Touristenzentren herum.

Nachts allein am Strand

Die Sterne funkeln, die Wellen plätschern verführerisch – doch halt: Ein im Mondschein liegender Strand ist zwar romantisch, aber nicht ungefährlich. Denn am menschenleeren, dunklen Strand steigt die Gefahr, überfallen zu werden. Sind mehrere Personen beisammen oder sorgt das Hotel auch für eine nächtliche Überwachung des Strandes, spricht natürlich nichts gegen eine improvisierte Beachparty.

Ohne Preisabsprache

Ob im Restaurant oder bei einer Taxifahrt, beim Flechten von Rastazöpfchen oder einem Drink in Playa del Carmen: Um unangenehme Überraschungen zu vermeiden, ist es besser, vorher nach dem Preis zu fragen. Denn selbst wenn man ungefähr weiß, wie viel ein Drink oder eine Taxifahrt kosten darf, wird man als Tourist gelegentlich mit weit überhöhten Preisen konfrontiert.